扬帆航途

徐汇区未成年人心理健康辅导中心志愿者工作记

王欣瀛　陈瑾瑜 / 著

上海社会科学院出版社
SHANGHAI ACADEMY OF SOCIAL SCIENCES PRESS

开篇寄语

秉持大爱奉献　成就志愿之心　点亮温暖心灯

上海市文明办志愿服务工作处处长、市志愿者协会秘书长　俞伟

“徐老师”志愿服务队是一支义务为未成年人及家长提供心理辅导服务的志愿服务团队，是徐汇区未成年人心理健康辅导中心服务师生和家长的一支重要力量。被同学们亲切地称为“徐老师”，那是对这支队伍的信任和敬重。

作为“徐老师”志愿服务队成长的见证者，从2011年起，我看着这个团队从无到有，并发展壮大。最初，中心仅有3位工作人员，通过招募、培训、管理、激励全过程建设，已发展成有规范制度、有稳定队伍、有有效激励机制的志愿服务队，目前已有107位心理咨询师成为志愿者。一路走来，可能有默默耕耘的冷清，有不被理解的疑惑，但值得庆幸的是，这个团队中志愿者们坚持付出，硕果累累，每一位志愿者关爱未成年人心理健康，呵护未成年人健康成长的赤子初心从来不曾改变。

种子发芽，必须在黑暗的土壤中经过苦苦挣扎，方能赢得破

土而出的光明。化茧成蝶，必须经历过蚕蛹中的百般煎熬，才能有破茧而出的惊艳。每个人的成长道路，都不可能是一帆风顺的，尤其在青少年这个敏感的成长关键时期里。他们不仅要面对生理和心理上的巨大变化，还要承受来自社会、家庭、学校等各方面的压力。近年来，随着经济社会的快速发展，各种文化思潮交融叠加，而青少年由于身心发育尚未成熟，难以正确选择应对，厌学、沉迷网络、抗挫折能力差、生活焦虑等症状日益增多，校园欺凌、犯罪低龄化、学生自杀等恶性事件频发，如何让每一个孩子面对充满竞争、充满挑战的未来成了引发全社会关注的锥心之问。如何帮助青少年正确应对内部变化与外部环境的冲突，树立正确的价值观，培养健康的人格，塑造良好的性格，成了学校、社会、家庭共同关注的焦点。

未成年人是家庭的希望，是社会的未来，更是实现中华民族伟大复兴、祖国繁荣富强文明的生力军与重要力量。保护未成年人心理健康，帮助他们缓解压力，保持健康心态，是保证未成年人健康成长的必要途径之一。怀揣梦想与责任，一群有爱心、责任感强、专业技能过硬的专业志愿者们自发地走到了一起，共同建设“徐老师”这个珍贵的团队，用“爱”为未成年人的心灵撑起一把“保护伞”。“徐老师”志愿服务队的志愿者们聚焦孩子成长，用“爱”照亮孩子们的人生旅程；尊重孩子个性，用“爱”滋养孩子们的心灵世界；接纳孩子差异，用“爱”温暖孩子们的精神家园。积极构建“一体两翼”心理健康教育服务体系，不断推进社区心理辅导室和校园心理辅导室的同步建设，共同形成纵向到底、横向到边的未成年人心理健康辅导网络体系，实现心灵呵护全覆盖、无死角。“徐老师”志愿服务队为志愿者们搭建了良好的成长平台，通过专业培训和督导，引导志愿者自我提升，成为一支专业水平高、业务素质强的危机预防和干预应对队伍。

这本书记录了“徐老师”志愿服务队的初心与探索，作者王欣瀛曾经是该团队第一批志愿者，在徐汇区未成年人心理健康辅导中心成立初期就加入了团队，并在后来成为中心专职教师，负责中心科研工作和“徐老师”志愿服务队建设工作多年，有着深厚的感情以及第一线的工作经验，经过两年的资料收集、整理，完成了这本珍贵的记录，让我们得以走进“徐老师”志愿服务队，看到志愿者们不计得失、不求回报，践行社会主义核心价值观，弘扬“奉献、有爱、互助、进步”志愿服务精神，成就志愿之心，点亮温暖心灯，以实际行动书写新时代的雷锋故事。

志愿服务是社会文明进步的重要标志，让我们向无私奉献的志愿者致敬，向呵护未成年人健康成长的特殊“园丁们”致敬！奋进新时代，展现新作为，为上海加快建设“五个中心”和具有世界影响力的社会主义现代化国际大都市做出新的更大贡献！

序　言

张海燕

捧读这本文字并不算多的册子，如果要用一个最贴近我内心感受的形容词来描述，那就是“温暖”。也许其他同样读过它的人们会有不同意见，“这本书的体例挺周正、挺严谨”，确实如此。王欣瀛老师全程、全方位回顾了与徐汇区未成年人心理健康辅导中心同时诞生的“徐老师”志愿者团队由爱起步到发展壮大、逐渐成熟的历程，全景式系统地呈现了从工作制度框架、工作规范、工作规划到服务拓展、专业成长、价值与意义的思考。这里使我更加感动的是，她作为第一批志愿者参与了团队工作，并且在调任徐汇区未成年人心理健康辅导中心后长期担负志愿者团队组织工作，因此她是包含着情感呈现了一群有信仰、有理想、有热忱、有专业的“徐老师”们富有时代特征的精神风貌。细细地品味，你会发现所有这一切的背后，蕴含着大爱，而且这种大爱不仅温暖到亟待获得心理健康发展助力的孩子们以及他们背后的家庭，也温暖了整个社会，更温暖了“徐老师”们自己。

青少年心理健康教育与咨询事业，是用生命在影响生命，是用生命在影响我们祖国的未来。我常常想，生命的形成其实是非常不容易的，每个生命的形成都是奇迹，她值得珍爱、值得敬畏。所以我们每个人都应该珍惜自己的生命，让非常有限的生命活出宽度，活出风采，活出意义。可是说到这里，就会带出一个话题，每个人对意义的定义是不一样的。

我们会在意生物性需要的满足，这是关乎人生存的最基本的部分，它影响我们的情绪；我们在意是否被关注、被接纳、被尊重、有归属感，因为这是与我们情感相关联的基本社会性需要；我们更应有理智、审美与道德层面的追求，这是体现人类高级社会性需要的情操。

我觉得，你能到什么样的高度，就能看到什么样的风景。“徐老师”们就是这样一群高尚的志愿者，他们在以自己的专业志愿服务于青少年心理健康促进的历程中，也丰满了自己的精神世界。

其实，与“徐老师”们一样，已过耳顺之年的我也是一名以自己心理健康教育与咨询的专业去服务青少年与社会大众的志愿者。有边疆，有山区；有城市，有农村；有教师，有学生；有平日，有特殊时期，我和大家一样行走在志愿者的路上，并在这样的历程中深深体会心灵的充盈。

曾经读到过一个谚语：如果你想快乐一个小时，你可以去打个盹；如果你想快乐一天，就去钓个鱼；如果你想快乐一个月，就结婚去度蜜月；如果你想快乐一生，就去帮助别人。让我们在心理服务的志愿者之路上，携手同行，贡献服务，贡献智慧，也以逐步探索形成的未成年人心理健康促进的可持续发展模式贡献社会。

张海燕

2020 年 10 月 5 日

（本文作者为教育部高校心理健康教育专家指导委员会委员、上海教委学校心理健康教育专家指导委员会委员、华东政法大学教授）

前　言

护航心灵　扬帆航程

——用“爱”为孩子心灵护航

有这样一支团队，他们聚焦孩子成长，用“爱”照亮孩子们的人生旅程。

有这样一支团队，他们尊重孩子个性，用“爱”滋养孩子们的心灵世界。

有这样一支团队，他们接纳孩子差异，用“爱”温暖孩子们的精神家园。

他们“爱”孩子，更“懂”孩子，他们就是“徐老师”志愿者团队。

《小王子》的开篇曾有这样一句话：”所有的大人都曾经是小孩子，不过他们很少有人记得罢了。”大部分的我们终将成为父母，而每一个我们都来自孩子，在我们看来不甚艰难的情境，对于势单力薄的孩子来说，都可能是一道难以逾越的天堑。我们总是在不经意间就轻易地下判断，认为他们的世界太简单，认为他们只是抗挫力太差；而只有带着虔诚的态度，用尊重和接纳之心来陪伴他们，倾听他们，蹲下身子，用他们的视角来看待他们所处的情境，才能知道他们遇到了怎样的麻烦，需要怎样的帮助。

2011年，徐汇区委、区政府为贯彻落实《中共中央国务院关于进一步加强和改进未成年人思想道德建设的若干意见》和党的十七大“注重人文关怀和心理疏导”的精神，结合《上海市中长期教育改革和发展规划纲要（2010—2020年）》的要求，围绕“为了每一个学生的终身发展”的核心理念，帮助徐汇区未成年人解决成长过程中的心理问题与烦恼，满足未成年人心理健康教育的需求，建立了徐汇区未成年人心理健康辅导中心，并在同年组建了“徐老师”志愿者团队，以期为徐汇区未成年人的心理健康成长提供优质高效服务的公益性机构，用“爱”为孩子们的心灵保驾护航。

大爱无疆，他们将志愿精神广为传播。“徐老师”团队秉承“奉献、友爱、互助、进步”的志愿服务精神。以科学系统的专业服务模式，以倾听、关爱、疏导、指导的职业态度和专业技能为孩子解决烦恼、开启潜力。在心理咨询服务过程中，“徐老师”团队始终坚持初心，在保证专业性的同时坚持对学生和家长的无偿性、公益性。

精益求精，他们以工匠精神深耕细作。在“徐老师”团队，他们始终以“工匠精神”为工作原则，在儿童心理咨询服务工作中深耕细作。一是人才资源优。在“徐老师”团队中，绝大部分成员毕业于教育学、心理学等相关专业，96%的志愿者拥有国家心理咨询师资格证书或上海市学校心理咨询师证书，从事专业咨询工作的志愿者持证率100%，不少人更是同时持有两证。二是工作制度严。“徐老师”团队制定了严格的工作流程和规章制度，切实以高度的专业化水平，保障对孩子们的心理咨询服务取得积极的效果。用最冷静的态度，做最温暖的事。三是培训力度大。自团队成立以来，中心一直将志愿者培训工作放在重要位置，制订全面而系统的综合性计划，兼顾心理咨询知识与技能、心理咨询师职务职责与任务、心理咨询的发展现状和前瞻性问题以及实践操作指导等内容，全方位、多层次地通过各种学习手段提高咨询师志愿者的工作能力，确保服务的专业性。

勇于创新，他们以首创精神追求卓越。作为上海市首家未成年人心理健康机构，中心称得上是该领域的开拓者。从摸着石头过河的小心探索，到对各种先进组织方式和新型服务模式的大胆探索，“徐老师”们以勇于创新的开拓精神为未成年人心理咨询服务找到了一种可持续的健康发展模式，开启了新的征程，影响和带领更多的心理咨询服务工作者关注未成年群体，聚焦未成年人心理健康，共同维护未成年人心灵的健康成长。

“徐老师”团队让爱成为一种习惯，让爱与孩子们的成长同行，用关爱和陪伴给予孩子们心灵上的慰藉和温暖，用专业化的技能和服务拂去孩子心灵上的尘埃和伤痛，共同促进孩子们健康成长，家庭幸福安定，社会和谐稳定。他们做了很多事情，我也想记录下来告诉更多的人。

自2011年成立以来，“徐老师”团队帮助了许多人，获得许多荣誉，他们乐于付出的奉献精神、精诚协作的团队精神、尽职尽责的敬业精神、开拓创新的进取精神成了这个城市良好社会风尚的一部分。

本书从立项到完成，经过了资料收集、采访整理、写作等漫长而辛苦的过程，尽管已尽个人之力，但不知是否已将“徐老师”们的精神风貌都完整清晰地呈现纸上，希望它的完成能真实地反映“徐老师”团队的服务活动，让更多的人了解未成年人心理健康工作的深刻内涵和精神实质，让更多的仁人同道加入我们。“徐老师”们在志愿服务行动中体验和收获了人性的纯真与奉献的快乐，也丰富了上海志愿文化，他们在造就自己的风景同时，也成了他人的风景。作为第一批加入“徐老师”志愿者团队的成员，并有幸在中心工作数年，与最美的伙伴们一起奋战，能够为未成年人心理健康事业付出点滴的劳动和汗水，我为此感到自豪。

王欣瀛

2020 年 2 月于上海

目　录

第一章
未成年人心理健康工作志愿者

徐汇区未成年人心理健康辅导中心是徐汇区委、区政府为贯彻落实《中共中央国务院关于进一步加强和改进未成年人思想道德建设的若干意见》和党的十七大"注重人文关怀和心理疏导"的精神，结合《上海市中长期教育改革和发展规划纲要(2010—2020年)》的要求，围绕"为了每一个学生的终身发展"的核心理念，帮助徐汇区未成年人解决成长过程中的心理问题与烦恼，满足未成年人心理健康教育的需求，积极构建并完善"学校—社区—区域"三级心理健康教育体系，坚持走科学化、规范化和服务化之路而建立的为徐汇区未成年人的心理健康成长提供优质高效服务的公益性机构。

徐汇区未成年人心理健康辅导中心(以下简称"中心")的服务对象为全区未成年人及家长、各中小学心理健康教师、各街镇心理健康辅导人员等。

自成立以来，徐汇区未成年人心理健康辅导中心搭建工作平台，根据构建"一体两翼"心理健康教育服务体系的工作思路，组织志愿者热忱奉献、用心策划、发挥功能，向未成年人提供丰富多彩的心理健康服务项目。为全区开展未成年人、家长和教师心理健康教育、心理健康辅导提供了有力的支撑与保障。根据 2020 年的统计，仅 2019 年就整合各学校心理辅导室和社区心理辅导室为区内千余名未成年人提供了个别心理咨询服务、各类心理健康教育服务活动 634 次，惠及居民近 249 994 人次。

图 1-1　中心咨询师志愿者进社区为家长提供教育咨询

第一节　特别的志愿事业，特别的志愿者

志愿者行为作为一种社会现象已经有了相当长的历史时期，它泛指一种利用自己的时间、技能、资源和善心为邻居、社区、社会提供非营利、非职业化援助的行为。志愿服务具有志愿性、无偿性、公益性、组织性四个基本特征。经过一个多世纪的

发展，志愿服务不仅逐渐步入组织化、规范化和专业化的轨道，形成了一套比较完整的运作机制和国际惯例，并且成为各国加强公民道德教育和维护社会稳定的有效形式。志愿者也在社会生活的各个领域发挥着越来越重要的作用，尤其是一些大型活动，更是离不开志愿者的支持。

志愿精神发源于一种朴素善良的利他精神。从陌生人之间的慷慨相助，到在宗教影响下形成的规模化的慈善事业，其中都有志愿精神的痕迹或者参与。“穷则独善其身，达则兼济天下”，积极参与公共生活是满意的生活状态和健康心态的外在表现。在一些发达国家，显赫政要、商界精英也常常以社区成员的身份参加志愿活动，而获得内心的满足和快乐。中国的志愿精神，某种意义上来说是由“雷锋精神”延伸而来。1962 年 8 月 15 日，雷锋同志因公殉职。1963 年 3 月 5 日，毛泽东题词“向雷锋同志学习”，雷锋的先进事迹由此在社会上广为流传，他的“毫不利己，专门利人”、“把有限的生命，投入到无限的为人民服务中去”的无私奉献精神鼓励了一代代青年人投身于社会主义道德建设事业。真正意义上的“志愿精神”“志愿服务”“志愿者”等概念是改革开放以后才渐渐进入中国的。在这以后，助人不再只是一种个人的奉献行为和道德追求，而成为一种基于尊重个人意愿，鼓励社群合作的公益意识，社会开始关注到志愿行动中的自我意愿、自我成长和自我追求。1994 年“中国青年志愿者协会”成立，标志着全国性的志愿服务事业正式开展。党的十八大以来，上海市志愿服务工作深入贯彻落实习近平总书记系列重要讲话精神和治国理政新理念新思想新战略，以全国《志愿服务条例》为引领，深入推进上海志愿服务五大体系建设，大力弘扬雷锋精神和志愿文化。

其实我们每个人都或多或少地参与过类似志愿活动的助人活动，如通过单位组织渠道和行政组织方式开展的帮扶、帮困、捐款等活动。中国自古是礼仪之邦，互帮互助、友爱他人本就是一项历史悠久的传统美德，墨子说“兼相爱，交相利”，孔子则提倡“泛爱众”，佛教则以“慈悲”作为对修行者的要求，人们也在圣人的言行驱使和在彼岸信仰的感召下，用实际的社会行为来实现自身在世俗社会中的超越。除了救贫济困、安老养孤、捐资办学等常态化的帮扶善举，各类互助互济的团会和推行德行善举的民间组织也以多种形式活跃在社会中，如“义仓”“义学”，甚或在各种礼俗教化的节庆中赈济施德的仪式等，这些行动使穷困窘迫者获得帮助，一定程度上也维系了传统的宗族伦理和村落社会的基本秩序。但不得不说的是，中国的文明史——从儒家文化的“大同思想”到具有社会主义、共产主义因素的“集体意识”，中国传统的道德要求大多指向熟人社会，所谓“出入相友，守望相助”，也更多地针对邻里乡亲，社会关系的亲疏决定了善举的实施范围。这是中国乡土社会以宗法群体为本位的差序格局所决定的。相比这样靠血缘和亲疏决定的互助关系，志愿精神是一种更为崇高的人文情怀。

随着市场经济的发展，人与人之间正由以往亲情关系、熟人关系向业缘关系、法理关系转变，社会人际关系更多地表现为功利取向和利益契约关系；随着城市大规模改造和建设的推进，居民的大规模搬迁瓦解了许多传统社区，使社会成员之间形成强烈的陌生感、疏离感和孤独感，这种现象严重阻碍了人们之间友爱精神的发展。现代化的进程不应该仅仅表现为追求经济和财富的增长，满足人们物质生活的多方面需求，同时也应该表现为提高人们对社会公共事务的责任意识和参与积极性，培育人们的公益观念和奉献精神，重塑新的社会精神价值和人际关系。而现代志愿服务的原则也并非是一种亲友之间互助原则的简单复制，区别于建立在熟人社会基础上的道德互助，区别于宗教情结的慈善义举，它要求参与者改变被动状态，走出自己的“小圈子”，努力克服原有社会关系的欠缺，在爱自己身边人的基础上，推己及人，由亲及疏，“老吾老，以及人之老。幼吾幼，以及人之幼”，将所有同胞纳入关爱和帮助的对象，自觉地实践对他人的关怀和帮助，突破个体与家庭的狭义境界，突破以邻为壑的社会心态，将个人的幸福感与成就他人紧密结合在一起。以这样一种方式参与社会，分享社会，融入社会，在帮助他人的过程中，帮助的施与者也在不断获得个人的人生感悟和精神升华。

除此以外，不可忽视的是，心理辅导或其他心理健康工作，与常见的志愿活动有着较大的区别。捐资出力固然是充分利用传统组织资源开展社会帮扶工作的有效方式，而社会中的弱势群体所需要的却并非仅仅是经济救助，弱势也并不一定只与经济状况相关。在现实生活和社会交往中遇到挫折和困境，也会使人限于困窘。作为一个完整的人，需要达成的有诸如心灵的抚慰、应有的社会尊重、自我价值的实现等，心理健康服务正是运用心理学及医学的理论和方法，预防或减少各类心理行为问题，促进心理健康，提高生活质量，主要包括心理健康宣传教育、心理咨询、心理疾病治疗、心理危机干预等。

而“徐老师”志愿者，除了具备和所有志愿者共通的不计报酬、无私奉献的道德精神，他们首先是一群具备专业知识、技能过硬的心理咨询师，这也正是中心的服务对象和功能定位所决定的。曹钊俊老师是中心的专家志愿者，在他的手里解决了许多“疑难杂症”，回望多年的志愿者生涯，他曾写下这么一段感言：“我退休以后加入了徐汇心理中心志愿者队伍，来帮助偏离健康成长轨道的孩子，看到那些孩子和家长愁眉而来，满意而去，为此我感到很欣慰，时而还会有些成就感。每个来到面前的来访者‘横看成岭侧成峰，远近高低各不同’，心理咨询要让学生敞开心扉，摸准学生的心迹，需要沉下心来，有足够的细致、耐心，这也给了我发挥自己的专业特长、发挥余热的机会，由此也增添了我内心的充实感。当前的心理辅导的需求经久不衰，心理辅导的技能也不断发展，提高心理辅导的效能没有止境。我也需要不断给自己充电，力求咨询效果事半功倍，使青少年学生更快更好地摆脱心理困扰，沐浴阳光和雨露，健康地成长。”

图 1-2　中心咨询师志愿者曹老师(左)和金老师正在活动现场为家长提供咨询服务

“徐老师”们要通过成为一名咨询师所经过种种困难的考核和评估，又经历了中心严格的审核和面试，才最终成为“徐老师”未成年人心理健康志愿工作团队中的一员，为需要帮助的来访者带去微笑和陪伴，用自己的专业技能去倾听、共情，用关爱的心力去帮助一个与己无干的“陌生人”。他们是志愿者，是不平凡的志愿者。正如“徐老师”志愿者王佳骊说的那样：“追光的人，自己也会身披万丈光芒。”“徐老师”，就是这样一群在未成年人心理健康志愿工作中追光的人，他们专注、热爱、一路追光。

第二节　特别的组织方式

“志愿者”(volunteer)一词来自拉丁语 voluntas，意为“意愿”，德语的 freewilliger 意思更进一步，表达了自由意愿的含义，即促成助人行为的是助人者的内在意愿。然而，发自内心朴素愿望的助人行为并不等同于有组织的志愿行为，从志愿行动参与者的视角来看，志愿行动已经走出了私人领域，它是在一定的公共领域与特定群体之间的社会互助。在现代社会，随着志愿活动在社会各个领域的发展，志愿者已经不再是一种个体化的行为方式。一个受益广泛、影响深远的项目必然要投入大量的物力心力，并且常常需要进行长期的维持，只靠个人无私奉献的精神是无法持续支撑的。志愿组织是一种有效整合分散在社会成员之中的非结构性资源的组织方式，通过志愿者的组织可以形成一套非权力的资源配置方式，从而整合分散于社会的志愿资源。合理的规划和有效的管理可以有效调用和组织分散的志愿者力量，组织化的行动模式使志愿者的行动形成集合性的状态，使志愿活动更高效，并易于协调，从而可以在各种重大场合发挥出应有的作用。

相对而言，西方的志愿者服务更多的是一种松散的自组织的方式，但中国的志愿者服务则更多的呈现一种集体主义和奉献伦理相互交织的色彩。邓国胜在其《中国志愿服务发展的模式》一书中指出，当前中国的志愿服务不再是僵化的纯官方行为，也不是纯民间行为，而是一种多元化发展模式，三种模式并存：第一种模式是自下而上发起，自上而下推广，代表是中国社区层面的志愿服务；第二种模式是自上而下发起并推广，代表是青年志愿者及其志愿服务；第三种模式是自下而上发起，自下而上扩展，代表是一些公益草根组织。中心的志愿者团队正属于第二种模式——以政府为主导，依托教育优势，整合社会资源进行公益服务运作的非营利组织。

中心建于 2011 年，是徐汇区按照中央文明办和市文明办关于建设未成年人心理健康辅导中心的总体安排，在普遍调查未成年人实际需求的基础上，建成的全市第一家区级未成年人心理健康辅导中心，并为了更好地承担和开展全区未成年人心理健康服务工作，在成立第一年即招募和组建“徐老师”志愿者团队。徐汇区建有未成年人心理健康辅导工作领导小组，由分管未成年人思想道德建设工作的区委宣传部部长任组长，区教育局、区文明办主要领导任副组长，区教育局、文明办、妇联、卫生局等单位相关领导任成员。领导小组下设办公室，办公室主任由区教育局和区文明办分管领导担任，副主任由区社区学院和教师进修学院分管领导担任。全面落实、推进全区未成年人心理健康辅导工作。因此，中心志愿者团队的组织方式不完全是纯粹自愿的产物；另一方面，尽管政府主导是中心志愿服务顺利运行的重要支撑，但“徐老师”团队也绝不是上级部门行政命令的结果。在突出行政组织主体和主导功能的基础上，又能够充分尊重个体的意愿、追求和利益，充分发挥社会组织、活动团队和社群共同体的创新活力，使“徐老师”志愿者团队在行政组织效率的发挥与社会组织活力的激发上都具有志愿者组织所不具备的优势。

首先，区级层面的领导权威，使中心志愿者团队在构建过程中具备了公共管理与公共政策的合法性，并由此得到各单位的高度重视和大力支持，这些部门各有其职能优势，比如区文明办本身就拥有诸多精神文明建设的传统平台和资源载体，而区教育局作为本区学校的管理部门，在中心成立初期直接协调承担了第一批中心志愿者的招募工作，拨出大量的经费用于中心志愿服务的支出，而徐汇区社区学院与社区工作的方方面面有着密切合作，具备统筹协调中心与社区心理辅导室、中心志愿服务与社区居民需求的行政资源。政府主导提升了志愿服务的计划性，并使中心的志愿活动能够借助三者原有的工作和平台，获得更高层面的眼界和计划。

原位于徐汇区社区学院校区内的中心办公和服务场地，前期的装修、硬件、专业软件和专业器材设备等约 100 万元由区政府一次性投入。徐汇区制定下发的徐未委办〔2012〕1 号文件《关于加强徐汇区未成年人心理健康辅导工作的实施意见》，明确规定辅导中心的人、财、物管理统一纳入区社区学院。辅导中心场地使用、工作运行、设备维修、网络维护、教师工资等基本管理运行费用从区教育经费中列支，纳入区社区学院预算。日常

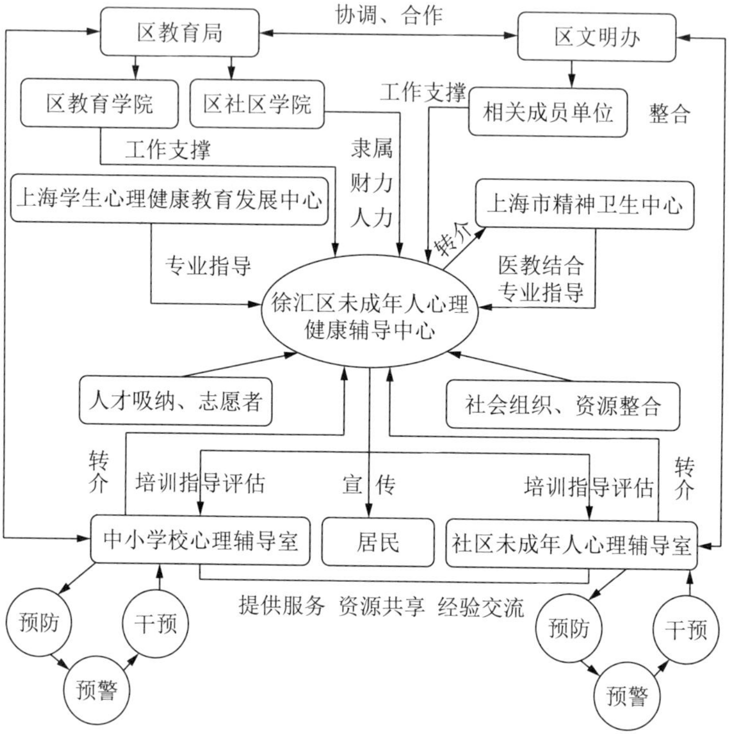

图 1-3 中心的组织结构和运行示意图

工作经费由区教育局和文明办每年支付 30 万元，划拨到区社区学院，专款专用，并根据工作推进情况可适当增加日常工作经费；如遇特殊情况，由教育局给予经费保障。自 2016 年起，教育局每年增加投入百万，构建区域性“互联网 E+”心理健康教育体系。从组织架构和领导架构来看，中心作为徐汇教育局的下属单位，接受徐汇区文明办、区教育局、区社区学院共同领导，所进行的志愿者工作不可避免的还是有较强的体制内嵌性特征，主要体现在经费管理、协调体系等方面，但在具体的志愿者团队和志愿服务过程中又充满了弹性，并为社会合作预留了足够的制度空间。

另一方面，中心在招募和组建“徐老师”志愿者团队的时候，也充分考虑和尊重志愿者的个体自主性，这在志愿者的招募、面试、培训以及工作安排等日常管理中都得到了很好的体现。

第一，“徐老师”志愿者团队的招募充分尊重申请者的自发意愿，“徐老师”通过多种媒体渠道进行社会招募，而申请者通过填写表格和上交材料等流程自发完成申请过程；第二，在成为志愿者后在接待咨询和参与工作的过程中，工作人员会与志愿者细致沟通工作要求，是否接待某次具体的咨询或参与某项服务都尊重志愿者成员的个人意愿。志愿者和上级组织机构、志愿者和工作人员之间是一种平等的主体间关系，在深层次上回归了对个体价值的尊重。而正因其出发点是自愿和自觉，因而整个组织呈现出一种自发的活力，当在服务工作过程中出现各种未预期的问题，通过临时的动员和召集便能得到有效的应对和迅速的解决，权变性地应对各种偶然性、突发性的服务需求和问题。

更重要的是，“徐老师”的志愿服务充分体现了公益行动的无偿性，作为未成年人心理健康服务的载体与平台，通过建立相对完善的志愿服务机制，吸引和汇聚分散在全市各领域的服务资源，整合了政府、学校、社会、医院、社区等领域的多种专业力量，而接受服务的学生、家长却无需支付任何费用，参与服务的志愿者也并不以营利和获取报酬为目的。

总体而言，“徐老师”团队的组织形式既呈现科层制组织体系的运行效率，又注重充分调动与发挥社会自组织的主体参与的积极性，在尊重政府机关权威的基础上，保证自身的自主性和活力的不断再生产：上级部门考虑到志愿工作的切身需求，创造了良好的环境和充足的保障，提供了有力有效的组织结构和系统功能；而中心在开展各项活动时也通过社会管理层次的功能协调与重心下移，不断丰富机制和方式的主体性、自主性，既能够充分发挥行政组织方式快速、高效、统筹的优势，又不乏类似社会自组织的主动性、协调性与创造性的特点，在实际开展活动的过程中体现出完整的志愿行动的基本特征和精神追求，有效地发展和构建了行政领域与社会领域互动协调的公共精神与价值共识。

第三节 “徐老师”团队的工作标准和追求

“奉献、友爱、互助、进步”是志愿服务精神的精髓，也是吸引人们参加志愿服务的动力所在，它很好地体现了人与人的关爱、人与社会的融合。而作为服务于徐汇区未成年人及未成年人家庭的心理健康志愿者团队，在把握普遍志愿精神的基础上，还需要具备专业技能和职业操守，中心通过层层选拔，择优录取优秀的心理咨询师，巩固和扩大志愿服务队伍，建立注册志愿者库，招募、储备、培训一支常态化、专业化的志愿者队伍，并在组织方式、活动机制等方面不断创新和完善，在项目设计、活动载体、实践模式等方面不断做出新的探索和深化发展，可以说，“徐老师”未成年人心理健康志愿工作团队是一个高于个体的总体整合，同时也是基于个人素养充分发挥之上的团队合作。

正因如此，“徐老师”团队有自己独特的工作标准和追求——立足于促进区内每位学生全面健康成长，积极践行“HELP”服务模式。“HELP”为四个单词的首字母组成：Happy、Efficient、Leading、Professional。

第二章

栉风沐雨逾九年——“徐老师”大事记

图 2-1　首批志愿者代表在中心启动仪式上庄严宣誓

第一节 征程的开始

一、2011年1月25日——中心启动

2011年是实施《徐汇区儿童发展“十二五”规划》的开局年。新年伊始，徐汇区未成年人心理健康辅导中心（“徐老师工作站”）在徐汇区妇儿工委、区文明办和区教育局共同努力下在徐汇区社区学院隆重启动。时任中央文明办未成年人工作组副组长吴向东，市文明办副主任晁玉奎，徐汇区区委常委、宣传部部长章卫民，市妇联儿童和家庭工作部部长陈建军，区妇儿工委常务副主任、区妇联主席惠雅芳等领导出席启动仪式。徐汇区各街道（镇）相关科室长，部分中学、职校分管领导，心理咨询专家及志愿者代表、学生及家长代表等约200人参加会议。

图2-2 领导揭牌

启动仪式上，时任中央文明办未成年人工作组副组长吴向东、市文明办副主任晁玉奎为“徐汇区未成年人心理健康辅导中心”正式揭牌；区委常委、宣传部部长章卫民开通了中心服务热线021-64642525（谐音：老师老师爱我爱我）和网站 http://64642525.xhzsxx.net/。市妇联儿童和家庭工作部部长陈建军与区妇儿工委常务副主任、妇联主席惠雅芳为参与服务的志愿者们佩戴统一的工作吊牌，志愿者们庄严宣誓“恪守职业道德，遵守职业规范，认真履行职责，将充沛的精力和爱心奉献给这神圣的事业”；区妇儿工委办主任、区妇联副主席吴建平为学生代表赠送了辅导中心的宣传卡片。启动仪式后，参会领导和人员实地参观徐汇区未成年人心理健康辅导中心，观摩团体心理辅导活动。

徐汇区未成年人心理健康辅导中心（“徐老师工作站”）服务对象面向全区未成年人及家长、各中小学心理健康辅导人员和各街道（镇）心理健康辅导人员等。它的功能定位是宣传、服务、培训、协调、评估，具体包括：对未成年人及家长开展心理健康知识的宣传及普及；对未成年人健康成长开展心理健康辅导及生涯发展指导，提供心理咨询、危机干预等服务；对全区所有中小学、社区以及社会中介组织等各类心理辅导人员进行相关培训与指导；建立对区域内各类辅导机构的考评档案，逐步开展星级评估保证；搭建工作平台，协调整合区域内各类辅导资源共同服务徐汇区未成年人心理健康事业。

徐汇区未成年人心理健康辅导中心（“徐老师工作站”）的正式启动，标志着徐汇区未成年人心理健康辅导中心建设工作的全面启动，也标志着《徐汇区儿童发展“十二五”规划》的稳步落实、扎实开局。

二、中心初建

徐汇区未成年人心理健康辅导中心最初选址于区社区学院,使用面积300平方米,共设12个独立的工作场所,有测试室、咨询室、专家室、放松室、宣泄室、游戏室、团训室、热线室、分析室、办公室等独立的工作空间。按照《上海市区县中小学心理健康教育中心设施设备配置》的要求配备设备,拥有沙盘、宣泄人、眼动仪、智能型动作稳定仪、智能型注意力集中仪等专业设备。功能布局科学合理,能够便捷地开展各项活动。为确保在工作中能科学有效地利用设施设备,中心对全体志愿者开展主题为"智能心理仪器在学校心理健康教育中应用"的培训。为更好整合周边学校、社区心理健康教育的资源,在南洋中学成立区未成年人心理健康辅导中心分中心,以提高覆盖面、扩大受众面,进一步广泛扎实地开展工作。

中心总体布置以安全、温馨、舒适、简洁为原则,房间的色彩为淡绿、淡蓝、米黄等淡色系,并添置大量的儿童读物、绿色植物等,各功能室严格遵循心理健康教育与咨询的专业要求,适合中小学生的心理特点、认知特点与心理需求,营造让人放松、愉悦的环境与氛围。

图 2-3　测试室

图 2-4　放松室

图 2-5　放松室

图 2-6　沙盘室

三、“徐老师”负责团队成立

中心不断充实专业专职人员力量，中心设主任 1 名，具体负责中心日常管理工作，另有专职教师 3 名，一人分管学校心理健康教育、科研及内务；一人分管社区心理健康教育和培训；一人分管网站及宣传。“徐老师”负责团队中 3 人具有国家二级心理咨询师、上海市学校心理咨询师(中级)资质。

2011 年 3 月 31 日，徐汇区未成年人心理健康辅导中心志愿者会议于徐汇区社区学院召开。出席此次会议的有徐汇区文明办宋燕副主任，上海师范大学应用心理学教授、校心理咨询与发展中心常务副主任李正云教授，以及近六十位来自社会各界的志愿者。会议中时任区文明办副主任宋燕为各位志愿者介绍了中心的成立背景、功能定位和基本情况，并提出了中心今后的建设目标。同时，还对各位志愿者给予工作寄语。时任社区学院副院长杨扬结合学院和中心近期工作提出当前家长和学生对心理辅导、家庭教育指导的迫切需要，对各位志愿者热心参与此项意义深远的工作表示感谢。中心特邀李正云教授为志愿者进行首次培训。李正云教授就“专业规范，协同合作”主题与各位志愿者做了分享。此次会议的召开进一步推进了中心的发展和建设,并为今后志愿者工作的良好开展打下基础。

中心成立以来不断建设“徐老师”志愿者队伍,2 位区教育学院心理教研员、116 名志愿者定期在中心从事专业志愿服务工作,志愿者来自大学、中学、小学、幼儿园、教师进修学院以及街道社区等单位,能满足中心需求。为提升志愿者的心理辅导专业素养,中心每月定期精心举办专业培训沙龙活动,邀请心理教育方面的专家介绍国内外这一领域的先进理念和技术,就个案督导、国际视野、危机干预、医教结合、积极心理和自我调适、沙盘、家庭治疗、人际沟通等专题开展培训。定期进行咨询个案督导,不断提升队伍的专业水平。中心还制定志愿者工作规范及考评制度,编制《徐老师工作手册》《志愿者实务培训手册》《网络成瘾案例心理辅导室操作手册》,使新志愿者学有所依,明确工作职责、规范、权利与义务。工作中严格执行日常管理制度,对专兼职人员的聘用、培训、考核和管理规范有序,确保中心各项功能较好发挥。

四、成为徐汇区志愿者服务基地

2011 年 5 月 17 日下午,徐汇区志愿者协会第一次会员会议暨成立大会在区委党校报告厅隆重召开,来自全区各相关委办局、街镇志愿者组织、区相关企事业单位志愿者组织的主要领导参加了会议。时任区委书记、区人大常委会主任茅明贵,市文明办副主任朱响应,区委常委、宣传部长章卫民,区委宣传部副部长、文明办主任卢蕴玉等有关部门领导出席了大会。会上介绍了区志愿者协会筹备工作情况,审议并通过了《徐汇区志愿者协会章程》。会议成功选举产生了徐汇区志愿者协会第一届理事会，章卫民当选为协会理事长。区委书记、区人大常委会主任茅明贵向各成员单位及10个新命名的志愿者服务基地表示祝贺，并作重要讲话。

徐汇区教育局是区志愿者协会首批63个成员单位之一，也是理事单位，时任教育局党工委副书记朱龙霞参加成立大会。徐汇区社区学院未成年人心理健康辅导中心，经申报和主管部门择优推荐，在大会上被命名为徐汇区志愿者服务基地，社区学院院长助理马丹宇代表基地接受了领导授牌。

徐汇区志愿者服务基地的成立标志着徐汇区未成年人心理健康辅导中心的志愿服务工作进入了一个新的发展阶段。在这以后中心进一步弘扬志愿精神，践行志愿理念，健全管理机制，搭建平台，科学管理，团结凝聚“徐老师”志愿者队伍，紧贴未成年人成长需求，不断提升志愿者咨询辅导工作技能和水平，丰富活动内容，为未成年人心理健康事业贡献力量。

第二节　专业化发展

一、加入“心理卫生服务体系建设示范工程”

为健全上海市应对突发心理危机事件的服务体系，提高心理危机救助水平，预防和减少自杀事件，构建和谐社会，上海市精神卫生中心和上海市疾病预防控制精神卫生分中心选择徐汇区作为示范区。2016年10月26日，在徐汇区社区学院举行上海市加强公共卫生体系建设三年行动计划“心理卫生服务体系建设示范工程”危机干预子项目(GWIV-5-6)徐汇区学校示范点签约及授牌仪式。徐汇区业余大学(区未成年人心理健康辅导中心)、徐教院附中和汇师小学正式成为上海市心理危机干预体系建设示范点。

2017 年 3 月 7 日,同样在徐汇业余大学校区内,由徐汇区未成年人心理健康辅导中心牵头,召开"心理卫生服务体系建设示范工程"项目实施研讨会。研讨会由徐汇区未成年人心理健康辅导中心主任陈瑾瑜主持。危机干预子项目负责人、上海市精神卫生中心临床心理科主任、上海市心理咨询中心主任张海音,子项目总联络人、上海市精神卫生中心心理学专职教师王建玉,子项目秘书张蓓兰,徐汇区教育局中教科科长郑蓉,徐汇区教育学院德育室心理教研员张建国、苗蓬老师,以及徐汇区两个学校示范点教院附中和汇师小学的心理工作负责老师出席了会议,与会的还有徐汇区未成年人心理健康辅导中心全体工作人员。

图 2-7　《心理卫生服务体系建设示范工程》项目实施研讨会参会成员留影

研讨会紧紧围绕项目实施的相关合作分工问题展开。项目负责人张海音对“心理卫生服务体系建设示范工程项目”进行总体介绍;与会人员对作为示范区的徐汇区心理健康工作建设情况、项目在具体执行中可能遇到的问题、各示范点所需要的支持、前期工作的抓手,都进行了广泛热烈的讨论。

二、心理危机预防干预专业队伍成立

为应付日趋复杂的学生心理问题,进而为学生的身心健康保驾护航,中心抽调专家志愿者并邀请资深行业专家成立一支心理危机预防干预的专业队伍,成员包括领导小组和专家网络、心理危机干预专业培训团队和心理危机干预志愿者队伍。组建内部紧急干预小组,建立内外部连接干预机制。自杀危机的甄别、评估的基本知识和技能培训,转诊的培训等。使徐汇区中小学心理辅导人员及时识别危机事件,掌握紧急处理的原则和策略,提高中心的反应速度。最大限度化解风险,从而最大限度保障青少年学生的生命安全。

在另一条线上,2017 年 1 月 6—7 日,面向“徐老师”志愿者及区内部分德育骨干教师开展了“未成年人心理危机的形成机制与干预措施”的高端专业培训活动。此次活动由徐汇区业余大学、徐汇区未成年人心理健康辅导中心策划主办,中国中学承办。52 名经过报名并通过筛选的中心志愿者及上海师范大学学区部分德育骨干教师参加了此次培训。

培训活动得到徐汇区教育局各级领导的高度重视,徐汇区教育局副局长于东航,徐汇区业余大学(社区学院)校长杜俭,时任徐汇区业余大学(社区学院)副校长李颖,时任中国中学校长王亦群,时任中国中学副校长徐翊、奚云斐,时任教育局中教科副科长郑蓉等领导出席了培训开幕式。于东航副局长和杜俭校长在讲话中充分肯定了此项培训的重要性，指出在心理辅导教师和一线教育工作者中普及未成年人危机预防和干预知识，建立一支专业水平高、业务素质强的危机预防和干预应对队伍，对于强化徐汇区学生心理健康教育工作，保障未成年人生命安全，具有非常重要的意义。

专家们从各自擅长的领域带领学员了解学生心理危机产生的可能原因（如父母的婚姻关系、亲子关系）；国际通行的对相关问题的处理方式；如何识别学生心理危机的征兆；如何在短时间内有效应对学生心理危机等。培训中还安排了青少年心肺复苏和窒息救助等急救方法的学习操作体验。培训兼具操作性和前沿性，既考虑到参培教师实际的功能性需求，也注意引导教师从更前瞻广阔的视域来看待学生的心理危机，以期切实提升学校教育工作者作为学生心理危机第一道保护屏障的作用能级。

图 2-8　外籍专家向志愿者及老师介绍学生心理危机产生的家庭原因

三、"心理卫生专业服务能力建设"系列培训督导课程

由徐汇区社区学院、未成年人心理健康辅导中心与上海市精神卫生中心联合举办的"心理卫生专业服务能力建设"系列培训督导课程于2017年5月25日启动，历时5个月，期间共举办了9场不同主题的培训，涉及危机干预、动力性心理治疗、支持性心理治疗以及多个心理学流派的理论发展，形式为专业讲座结合案例督导，100多位来自徐汇区未成年人心理健康辅导中心的志愿者及徐汇区心理教师参与了培训，12位中心志愿者接受了专家的现场督导。同时参与的还有来自上海师范大学和上海热线等心理健康教育机构的同仁。

图2-9　"心理卫生专业服务能力建设"系列培训督导课程

现如今，社会文化对教育的"染缸效应"越来越强，学业压力、家庭因素和不良游戏的诱导等，使教育的生态环境日趋复

杂;与此同时,社会各界对教育工作的要求越来越高,如何将发展性目标与生存性目标统合起来,将普及性心理健康活动的开展与对突发状况的有效应对结合起来,成为当今学校心理健康教育的新课题。徐汇区未成年人心理健康辅导中心于2016年加入了上海市公共卫生体系建设三年行动计划的实施工作,成为上海市心理危机干预体系建设示范点,在此基础上中心还推出了更多专项系列培训,将区未成年人心理健康辅导中心的专业指导功能和辐射效应落到实处。

第三节 成绩和辐射

一、E路相伴

2016年8月,为提升服务效能,接轨新型媒体渠道,降低学生、家长的求助门槛,"徐老师"的宣传平台和预约通道有了质的变化。即紧跟时代步伐,充分利用互联网E+的扩散能力和MOOC课程方便易得的特点,利用新媒体渠道进一步丰富未成年人心理健康宣传教育形式,充分关注来自学生和家长在心理健康资讯上的需求,及时将各学校、各社区心理辅导室举办的各项心理健康活动反馈给公众,扩大心理健康活动的影响力和受众面;拍摄、制作、推广心理危机干预在线教程,帮助学校管理人员和教师提高危机识别和干预能力,提升学校教育工作者作为学生心理危机第一道保护屏障的作用能级。

1. "徐老师"热线电话64642525升级为24小时全天候热线,全年无休。确保徐汇区青少年和家长、教师在任何有需要的时候都能通过拨打热线电话，进行免费咨询或预约面对面心理咨询。

2. 充分利用新媒体渠道，在“徐老师”公众号的基础上增能开通“汇心”企业微信公众号。微信平台具一键呼叫咨询热线及预约面询功能，及时发现若干起危机个案，并在专业部门的帮助下，成功干预，顺利解除危机。

3. 家长邮箱。为方便沟通交流，及时掌握咨询者需求，设立邮箱 teacher64642525@126.com，对于家长的咨询邮件，工作人员运用各种心理学理论和方法给予回复，为家长帮助孩子解决心理烦恼提供建议，及时向家长提供中心的相关活动信息。

4. 专门网站。徐汇区未成年人心理健康辅导中心开设“心灵家园”网站（http://64642525.xhzsxx.net/index.html），设“活动信息、快乐成长、读懂孩子、心理探秘”等八大主题栏目。通过网站向未成年人及家长、教师普及宣传心理健康知识，及时公布相关信息。

二、获“上海市人文关怀心理疏导示范点”称号

上海市人文关怀心理疏导示范点申报评审和展示评估工作每三年进行一次，2017 年 6 月，市思想政治工作研究会根据“建设有高度、服务有温度、工作有精度、保障有力度”等要求制定出台了《上海市人文关怀心理疏导示范点建设标准》升级版，共 4 项 12 条，引导基层人文心理疏导工作照着标准做、循着规律做、怀着感情做。9 月 27 日，“‘心’关怀、‘心’服务”展示展评在上海交通大学钱学森图书馆举行，沪上 53 家单位围绕社会主义核心价值观建设，通过主旨演讲、PPT 演示、微视频等多种形式集

中展示了党的十八以来基层人文关怀心理疏导的成功经验和实际成效。经过公开评审，徐汇区未成年人心理健康辅导中心总分位列全市第八，入选人文关怀心理疏导示范点。

（1）

（2）

图 2-10　党的十九大以来人文关怀巡展

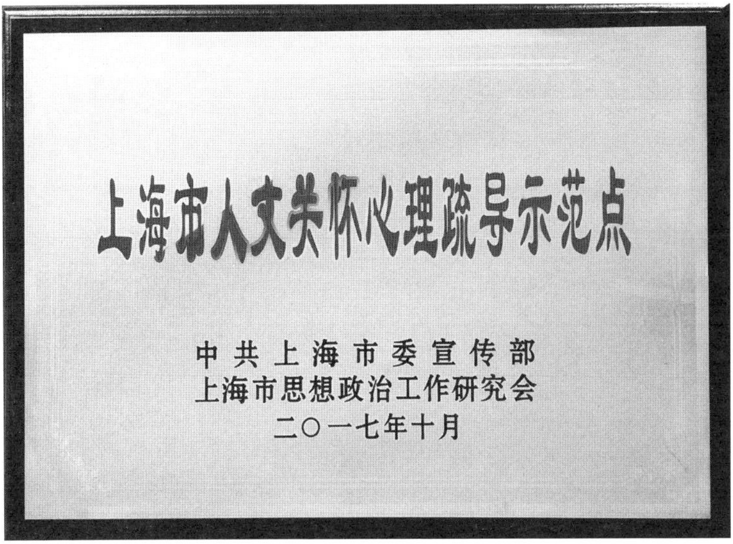

图 2-11　心理疏导示范点挂牌

三、获得"上海市中小学心理健康教育示范中心"称号

2017 年，市教委启动第二批区中小学心理健康教育示范中心的争创工作，并遴选若干区中小学心理健康教育中心争创示范中心。2018 年 9 月，市教委按照区自评、材料审核、实地考察、现场评估、专家评议等程序，开展了区中小学心理健康教育示范中心候选单位终期评估工作。经综合评定，授予**徐汇区未成年人心理健康辅导中心**"上海市中小学心理健康教育示范中心"称号。

图 2-12 吴增强教授为中心授牌

四、接待交流考察

徐汇区未成年人心理健康辅导中心开办以来，作为上海市首家启用的区级未成年人心理健康辅导中心，先后接待了来自新疆、广州、北京、山东、浙江、海南、内蒙古、云南等省区市相关部门负责人，以及本市黄浦、静安、嘉定、长宁、金山、青浦、奉贤、闵行等区文明办、教育局、工会领导的参观考察八十余批次，积极发挥经验辐射作用；也使中心在科学管理、有序运作、发挥作用等方面得以进一步提升。

（1）

（2）

图 2-13　中心接待云南省文明办一行考察学习

第三章

“徐老师”和“徐同学”

图 3-1　中心图标

在心理中心的图标上，合起的两手形成了一颗爱心的形状，将一棵娇嫩的幼苗细心地保护在掌心中，寓意着心理健康工作的意义。从幼童成长为青年，这是一段对每个人来说都极为重要的人格形成期。未成年人正如待长的一株株幼苗，在这段成长的旅程中会有阳光普照，也会遭遇疾风骤雨，而我们要做的就是精心呵护他们的成长，以志愿者的热心，以教育者的爱心，去温暖每一颗幼小的心灵，拯救每一个迷茫的灵魂，守护心，传播爱。

第一节　青少年心理健康与社会和谐

组成物质的最基本微粒是原子，而组成社会主义和谐社会的基本单位是家庭，构建和谐家庭是构建和谐社会的基础工程，家庭稳定是社会稳定的前提。在一个家庭中，孩子既是各方关系的黏合剂,也是稳固家庭结构的定盘星。在现实国情中,绝大多数中国家庭只有 1—2 个孩子,孩子往往成为家庭的绝对重心,一个孩子是否能够健康快乐的成长,深刻影响了其所属家庭的价值感和幸福感,对当今作为社会支柱这一代人的社会心态有着举足轻重的影响,说孩子是家庭这个社会原子的“原子核”绝不为过,小小的一己牵动着整个社会系统的和谐和稳定。而孩子也代表了祖国的未来,引导孩子们正确对待自己、他人和社会,正确对待困难、挫折和荣誉,树立崇高的理想和完善的自我认识是时代赋予教育者的新课题,也是未来中国梦能否顺利实现的根本保证。

图 3-2　孩子们在“汇心成长坊”参加丰富多彩的活动(1)

人是一个完整的生命体,只有身体、心理与精神整体和谐了,人才能心智健康地融入社会。当前,我国正处于经济社会快速转型期，人们的生活节奏明显加快，竞争压力不断加剧，个体心理行为问题及其引发的社会问题日益凸显。在经济高速发展中的上海，多元差异的社会观念交融堆砌，既繁荣多彩，又在无形中形成了一种文化威压；城市肌体日益膨胀，原住、暂住、外来交杂的社会群体在这里聚集，繁荣的物质文明，激起的不仅是希望，更有心理上的落差。一方面，心理行为异常和常见精神障碍人数逐年增多，个人极端情绪引发的恶性案(事)件时有发生，成为影响社会稳定和公共安全的危险因素。

每一个成年人都走过未成年的阶段，在成年后看起来其实格外简单的学校、家庭两点一线间的生活，身在其中时却也常感到困难和压力。在面对压力和情绪困扰时，成年人的心灵成长相对完整，无疑在抗压性和控制力方面都要更强于未成年人，可以接触到的心理治疗和引导路径也要丰富得多。从孩童到青少年，是一个从懵懂到明理的关键时期，身体特征发生重要的变化，学业压力逐渐增大，刚萌芽的情感世界要与现实世界保持协调，成长期的未成年人经历着身体和心灵的双重成长。面对不断更新的外部世界和价值观，伴随着成长所带来的烦恼和改变，他们也在不断面临新的问题和困难。因此青少年时期是多种情绪问题产生的脆弱时期，主要表现为抑郁、焦虑、敏感、神经质等。一些学者的研究表明，这样的情绪问题不仅可能影响到他们的生长发育，导致心理生物性紊乱，甚至在不能顺利解决这类问题的情况下会导致多种不同的心理问题产生，如睡眠障碍、适应障碍、社交和娱乐活动减少、拒绝上学、无意义感、空虚自杀的倾向和行为、物质滥用，甚至导致精神疾病。

党中央、国务院高度重视心理健康服务和社会心理服务体系建设工作。习近平总书记在2016年全国卫生与健康大会上提出,要加大心理健康问题基础性研究,做好心理健康知识和心理疾病科普工作,规范发展心理治疗、心理咨询等心理健康服务。《国民经济和社会发展第十三个五年规划纲要》明确提出要加强心理健康服务。《“健康中国2030”规划纲要》要求加强心理健康服务体系建设和规范化管理。近年来,各地区各部门结合各自实际情况,从健全心理健康服务体系、搭建心理关爱服务平台、拓展心理健康服务领域、开展社会心理疏导和危机干预、建立专业化心理健康服务队伍等方面进行积极探索,取得了一定成效,为进一步做好加强心理健康服务、健全社会心理服务体系工作奠定了基础。

2016年12月30日,国家卫生计生委与中宣部、中央综治办、国家发展改革委、教育部、科技部、公安部、民政部、司法部、财政部等共22个部委联合发文,出台《关于加强心理健康服务的指导意见》,该指导意见深入贯彻落实党的十八届五中全会和习近平总书记在全国卫生与健康大会上关于加强心理健康服务的要求,根据《精神卫生法》《“健康中国2030”规划纲要》和相关政策,并就加强心理健康服务、健全社会心理服务体系提出指导意见,要求各界心理健康及相关机构充分认识加强心理健康服务的重要意义,其中特别指出要:全面加强儿童青少年心理健康教育,要求学前教育机构关注和满足儿童心理发展需要,保持儿童积极的情绪状态,让儿童感受到尊重和接纳。特殊教育机构要针对学生身心特点开展心理健康教育,注重培养学生自尊、自信、自强、自立的心理品质。中小学校要重视学生的心理健康教育,培养积极乐观、健康向上的心理品质,促进学生身心可持续发展。高等院校要积极开设心理健康教育课程,开展心理健康教育活动;重视提升大学生的心理调适能力,保持良好的适应能力,重视自杀预防,开展心理危机干预。共青团等组织要与学校、家庭、社会携手,开展“培育积极的心理品质,培养良好的行为习惯”的心理健康促进活动,提高学生自我情绪调适能力,尤其要关心留守儿童、流动儿童心理健康,为遭受学生欺凌和校园暴力、家庭暴力、性侵犯等儿童青少年提供及时的心理创伤干预。

心理健康是现代国民幸福生活的重要素质之一,未成年人是祖国的希望和社会主义的接班人,能否拥有健康的心理素质,直接关系着家庭幸福、社会稳定与国家发展。2004 年,《中共中央国务院关于进一步加强和改进未成年人思想道德建设的若干意见》明确指出:要加强心理健康教育,培养学生良好的心理品

图 3-3　孩子们在“汇心成长坊”参加丰富多彩的活动(2)

质。《上海教育中长期发展规划纲要(2010—2020年)》也提出要求“在各区县设立青少年心理辅导中心”,使全市未成年人心理健康教育进入了一个新的发展阶段。也正因此,徐汇区未成年人心理健康辅导中心(以下简称“中心”)组建“徐老师”未成年人心理健康志愿工作团队,从小处着眼,服务于未成年人及未成年人家庭,将护航幼小心灵的成长,用心呵护社会的“原子核”作为自己义不容辞的责任。

第二节 “徐老师”的服务对象——“徐同学”

提到徐汇区,人们就会想起它悠远的教育传统和多所百年名校,这样的积淀不是一蹴而就的。自上海开埠后,西学东渐,特殊的区位条件使徐汇区成为上海乃至全国近现代教育的主要发祥地之一。优越的教育条件和浓厚的教育氛围,也使得徐汇人才辈出,英才荟萃。近年来,徐汇学子更是佳绩频传,世界技能大赛、国际数学奥林匹克竞赛等重量级的大赛奖项一次次花落徐汇。打开新闻,总是能看到徐汇学子在各种世界级、国家级比赛中夺得桂冠,捧得优秀。无论是智力竞赛,还是体育竞赛,全面发展的徐汇学子都不遑多让。

但优秀和压力往往是相伴随行的。一个人的快速成长离不开压力的促进作用,但这些来自父母、家庭、学校、社会的殷殷期望,加上未成年人还未完全成熟的价值观和心理承受力,在不少时候,也会带来负面的后果。1999年《中国青年报》报道:中国科学院王极盛教授对北京市2万多名中学生跟踪调查,32%的中学生的心理健康水平令人担忧。2004年,复旦大学谭晖等人对上海市 1 000 多名中学生的调查显示，中学生心理障碍发生率为 24.9%。2006 年，刘超正等人对湖南省示范性高中 314 位学生进行调查，发现有不同程度心理问题的学生占 54.8%，示范性高中学生心理健康状况比一般中学学生差，多数优秀生存在这样或那样的心理障碍。这些都促使我们更加重视“优秀”背后可能相伴的心理问题。

在实际的热线和咨询工作中，我们发现有几类学生求助的心理问题“名列前茅”，而他们都与学习压力有着脱不开的关系。

第一，情绪问题。正因其对优秀的追求，有时往往导致过分追求完美，对自己的期望值过高，过分要求自己；而要取得优秀的实际成绩就要参加各种比赛，在生活中时时与他人比较，则不免陷于各种竞争，激烈的竞争加上日益严峻的考试压力，造成了一部分学生的紧张和焦虑；过高的自我要求，也导致他们难有成就感，不断地给自己设置更高的期望值和努力目标，初三、高三学生这方面尤为明显。心理学研究表明，只有适当的中等程度的焦虑，才有利于身心的健全发展。过度的焦虑情绪可能引起失眠、急躁等外在表现，而持续的不良情绪就会转化成躯体症状，如头晕、失眠、胃痛等。

第二，挫折应对能力较差。优秀的学生相对更重视成绩和比赛结果，但也因此容易以偏概全，过分地夸大了学习对于生活的意义，不少学生将追求成功作为自己最大的目标，因而也更加不能容忍自己的失败，在认知方式上就容易看到事物的消极面，不能接纳自己的缺点和不足，而对自己在成绩以外的优点视而不见，也因而对失败和挫折缺少必要的心理准备。一旦在各项考试和赛事上发挥不甚理想，许多人就倾向于全盘否定自己，从自傲直接转为自卑。相比起一般学生，他们的承受力反而更为脆弱。存在这一问题的学生在面对学习、生活中的一些挫折时，表现出沮丧、自卑甚至出现抑郁倾向。

第三，人际关系不良。在统计中我们也意外地发现这个问题在学生中相当普遍，对学生的生活和学习造成的影响很大。造成人际关系不良的原因是多方面的，其中有不少因素与优秀学生的心理特点相关。例如，不少优秀学生在对自己高标准、严要求的同时还对别人和周边环境过于挑剔，造成了人际关系紧张。优秀的学业成绩使他们经常能够得到来自师长的夸奖和赞许、同伴的羡慕，这容易使他们产生自负和傲慢的不良个性，容易忽略别人的感受和体会，以自我为中心。但另一方面，他们又过分地关注他人对自己的看法，对他人的负面评价耿耿于怀，过分敏感的性格也使他们难以真正融入群体。值得一提的是，有些学生甚至转而选择在网络中寻找自己的友谊，网络所引发的一系列新型人际交往问题开始萌生。

第四，厌学问题。学生厌学已经成为一个普遍的问题，并且有低龄化的趋势。原本就不轻的学校学习压力，加上家长额外补充的各种培训班教学等，不少学生在咨询中抱怨自己没有节假日，比父母上班更辛苦。沉重的负担使不少学生疲于应付各种被动的学习，失去了自主学习和探索的乐趣。而只有学习，没有玩乐的生活也让不少学生产生厌恶的情绪，完全丧失了学习的动力，用敷衍的态度对待学校生活和功课，有些学生甚至发展到逃学、拒绝入学等情况。我们的咨询工作也表明：在各个年龄阶段均存在不同程度、不同性质的学业困难，很多还与家庭教养和生活环境的影响分不开。

第五，随着中高考的临近，热线中考试焦虑的学生呈明显上升趋势。由于考试和升学的压力，部分学生临考时处于紧张而又恐惧的情绪状态。面对排名次和决定人生前途的升学考试，尤其是中高考，大部分学生感到精神紧张，压力过大，产生焦虑心理，导致对下次考试的担忧，严重的还会产生强迫观念和强迫行为。

第六，适应能力。在这一点上，新生表现较为突出。其主要原因是很多学生远离父母和亲人，来到了一个新的环境，当面对日常的学习与生活及其与他人交往等一系列问题时，新生需要从依赖原有的朋友和亲人逐步过渡到寻找新朋友和独立解决问题的阶段。在这一过程中，特别是在封闭式管理的学校，他们会有很多苦闷、烦恼、不安等不良情绪反应，也希望向他人倾诉，得到理解和关怀。一般认为，这一问题主要表现在新生中，如小学一年级、预备班、初一、高一等，与新生适应和新的人际关系变化有一定关联。

造成这些不良结果的原因，固然有些是学生自己过分追求“优秀”的负面效果，但与学生的年龄特点、当下的社会环境、学生所处的家庭环境也是分不开的。

第一，未成年人心理上的特殊性。学龄期的孩子，心理发展处于未成熟阶段，适应能力较差，情绪情感不稳定，易冲动，理智和情感冲突强烈；中学阶段人的第二性征渐渐发育，性意识萌发和发展；与此同时，他们也需要在这种区别中寻找自己的自我认同，而这种认同常常需要以成就感、效能感作为基础，这是这个年龄层的学生们天然背负的心理压力。

第二，当下的社会环境。上海是个移民城市，中国各省各市的人才从自己的家乡到这里来寻找自己的“中国梦”“上海梦”，多元差异的社会观念交融堆砌，既繁荣多彩，又在无形中形成了一种文化威压；城市肌体日益膨胀，原住、暂住、外来交杂的社会群体在这里聚集，繁荣的物质文明，激起的不仅是希望，更有心理上的落差。正处于价值观形成时期的学生，难以和成年人一样较快地适应和接受这种落差，就可能引发强烈的心理冲突，继而产生过分自强、对自己过高要求的行动。

第三，父母期望。中国自古就是一个非常重视教育的国家，至今孩子的教育仍是大部分家庭的头等大事，立志培养“牛娃”的虎爸虎妈比比皆是，而在教育大区徐汇区，这样的问题必然更加明显。挤破头的四大名小，名目繁多的培训班，一放学就堵车的私立学校，无不彰显着父母对孩子们的殷切期望和迫切追求。这是一个短期内难以改变的社会现状，但不能忽视的是家庭的环境在促使孩子们朝着更优秀的方向发展的同时，给他们带来的心理压力也是不言而喻的。这也是“徐老师”咨询师志愿者在解决孩子问题的时候，将不少工作重心放在他们的父母和家庭上的原因。在咨询中，“徐老师”们鼓励家长对孩子学习结果进行正确归因，学会运用赏识教育，必要时进行合理的惩罚。帮助孩子树立理想与人生目标。父母制造和谐的家庭气氛，增加家庭的文化气息，多读书报，做孩子的好榜样。同时建议家长跟老师多沟通，多肯定和赞赏孩子，缓解孩子的学业压力。

综上而言，尽管“徐同学”的优秀有目共睹，但我们也不能忽视优秀的光环可能掩盖了他们身上的“不可承受之重”，作为面向“徐同学”的心理健康机构，“徐老师”也将做好“徐同学”们追求卓越路上的坚持后盾，联动学校，合作家庭，共同为“徐同学”们的心理健康做好保驾护航之路。

图 3-4　中心进校活动中学生通过心理仪器了解自己的认知特点

第三节　从孩子的角度看问题

一个在成年人看来琳琅满目的商店，但从孩子的视野里看去可能尽是无聊的货架和顾客的大腿，双方产生不同的认知就不难理解了。这一点“徐老师”咨询师志愿者在工作的过程中也常有发现。志愿者瞿琳老师就曾接待过这样的一个孩子，多次自残，长期失眠，还尝试过轻生，抑郁症状十分明显，已经是十分危险的状态，但和孩子母亲沟通时，家长却认为她所遇到的不过是小问题，有这么大的反应就是“作”，只要“不理她”“熬过一段时间”就好了。好在经过瞿琳老师的多次咨询和相劝，孩子的母亲终于放下了自己的强势和固执，意识到了问题所在。这使瞿琳老师也不免感慨，在咨询的过程中，“尽管说的都是孩子的问题，但孩子和家长会分别站在自己的立场去表达，很多时候的情况往往是：孩子情况并不严重，家长却因为高要求却觉得孩子问题很大；有时孩子已经很无助，可家长却觉得孩子小题大做”。

年龄层不同，看问题的角度不同，这是造成许多亲子之间产生分歧的原因。而咨询师要使咨询达到好的效果，就更得时刻提醒自己用专业的态度来化解这样的“不同”，甚至将这样的“不同”清楚地传达出来，从而帮助家庭解开亲子之间的心结。只有带着虔诚的态度，用尊重和接纳之心来陪伴孩子，倾听他们，蹲下身子，用他们的视角来看待他们所处的情境，才能知道他们遇到了怎样的麻烦，需要怎样的帮助。中心有一位“徐老师”志愿者有着她独门的“秘诀”。徐仙华老师在小学校园中从教数十年，在中心的评选中曾经 3 次被评为“优秀志愿者”，2019 年获“十佳咨询师”称号，是“徐老师”团队中的资深成员，擅长小学阶段学生的咨询工作。在多年的志愿者工作中，她发现一个问题：与成人相比，低龄学生主动求助的愿望往往不是很强，一般都是家长、老师首先介入，有的直接被家长带来，这在徐仙华老师看来有点“皇帝不急急太监”的意味，所以在咨询过程中时常会出现学生阻抗现象，使咨询进入困境。

徐仙华老师总结出一套针对儿童青少年咨询的策略和方法：

第一，投其所好。一个三年级的男孩子，性格比较内向，有点拘谨，有点怕生，怯怯的只是摆弄着小手，努努小嘴，不愿说话。推进受阻，有挫败感。后来听他妈妈说，宁宁平时比较安静，喜欢看历史小故事，于是我说，“宁宁，听妈妈说你很喜欢看历史故事，恰好我也喜欢，最近在看什么历史故事，给我们讲讲吧”。他抬头看了我一眼说，最近看了“鸿门宴”，你看过吗？“看

图 3-5 徐仙华老师在中心主办的“着眼未来，立足当下，做智慧型家长”活动中为家长提供咨询服务

过，但我也有点忘记了，你再给我们说说吧”，于是我和他相互补充，相互提示，从故事发生的背景一直说到它对后期楚汉战争影响。小家伙历史知识还是蛮丰富的。看到他说得头头是道，声音也越来越响亮，与前期判如两人。我们也及时地给予积极的肯定和鼓励，气氛活跃起来了，对咨询目标的达成起到了比较好的作用。

第二，真诚示弱。一位初中生，由于情绪管理方面的问题，在他爸爸陪同下来到中心。小伙子一副爱答不理的样子，想问问一些情况，他虎着一张脸说，“问他吧，是他要我来的”。边说边自顾自看自己带过来的一本天文方面的书。他爸爸生气地瞪了他几眼，我示意他冷静。“小张同学，这是天文方面的书，你好厉害哦，徐老师这方面知识很少，愿不愿意帮我补补?”他咧嘴笑了，说，“好吧，要不给你出三道题目，答不出来的你回去问度娘”。对于他的三个问题，我是真心答不出，但也非常诚实地回家查百度了。于是后来几次咨询前几分钟，基本上交流上次题目，领下次任务。慢慢地他也愿意说心里话了，跟他交流也顺畅多了。从中我也学到了不少的知识，这也是一种双赢吧。

第三，平等对话。在平时咨询过程中，经常与家长交流道，家长要放下身段，与孩子做朋友，作为老师也应该放下身段，蹲下来与孩子说话，其实做起来并不容易，总觉得老师应该有老师的样子，两年前发生的一个案例，改变了我原先一些想法。

浩浩是个二年级的男孩子，比较调皮好动，在校无论是学业还是人际关系都比较紧张，接受的负面评价也比较多，家长觉得孩子好像对什么都无所谓的感觉，咨询的时候浩浩也是东张张西望望，令人有无从下手的感觉。第二次咨询的那天，走进校门的时候，我看到他和他妈妈走在我前面，步履匆匆向南楼梯走去，当时我想作为老师不能落在孩子后面，于是我赶紧从北楼梯上，当我气喘吁吁爬上五楼时，看到南楼梯五楼出现了那张圆鼓鼓、笑盈盈的脸，我刚想打招呼，原先那张笑盈盈的脸一下子沉下来了，我有点纳闷了。浩浩妈妈悄悄告诉我，上次咨询回去后，浩浩说蛮喜欢我的，今天我们提早出了门，浩浩本想抢在我前面到，给我惊喜。

“哎呀，我怎么没想到这一点，谁说孩子没有上进心，每一个孩子内心都有表现的欲望，给他一次成功的体验有多好，说不定就是一次转机”我有些懊恼。

徐仙华老师将这一套针对儿童青少年咨询的策略和方法称

为未成年人咨询的“三板斧”，可以打开局面，给学生更多的话语权，激发和拓宽学生的表达欲和表达的渠道。除了这三招以外，徐老师也非常关注未成年人咨询时的细节，比如在对前来咨询的孩子称谓上，不能太随意，要尊重他们的想法。有的喜欢在姓氏前加小，如小张同学、小陈同学，有的喜欢用小名“媛媛”“轩轩”。再比如，在咨询的过程中，尽量少说教，多用学生喜欢的讲故事形式、讨论案例的形式，与孩子们真正的平等互动，让他们看到自己在故事里的影子，自我反思，自己提高，不断修正原先的一些想法，体验内在的快乐和踏实。

大工不巧，大巧若拙，心理咨询是一项专业性很强的工作，但在实际工作中却不是掉书袋抛理论，而是用最温柔朴实的方式拉近心与心之间的距离，从孩子的视角，认真了解他们究竟遇到了什么问题？需要什么样的帮助？要真正将心理教育落到实处，让不同家庭、不同阶段的学生都能得到他们真正需要的心理帮助，就要真正去了解学生，走入他们的心灵世界，看他们用怎样的眼光去看待身边的问题从而了解他们的体会，知道他们的感受。

为了更了解未成年人，尤其是徐汇区青少年在生活中关心的心理话题、希望表达的真实心声、需要得到的心灵慰藉，2013年中心组织“探究学习，放飞梦想——学生心理小课题研究”比赛，以“我们关心的心理话题”为主题，向全区中小学生征集心理小课题。要求学生在教师的指导下，围绕自己感兴趣的心理话题开展调查研究，并撰写完成“小论文、小报告”等活动成果，各校在初评的基础上，分别推荐3篇优秀成果参与区级评选。

图 3-6 徐汇区高安路第一小学学生正在进行心理小课题小组研究,他们的作品最终获得了小学组一等奖

本次比赛得到了徐汇区中小学的积极参与,选送的作品内容丰富,异彩纷呈:情绪控制、同伴关系、学习心理、青春期问题、亲子关系、考试焦虑、社会心理现象等,让我们看到了新时代学生开阔的视野和不同年龄层学生各有特色的视域和维度。如小学组的优秀作品《在生气时你会怎么做?》《小升初毕业班学生如何有效缓解压力的研究》《小胆变大胆》,初中组的《异性之间的友谊》《初中生微博使用情况的调查》,高中组的《上海高中生对于虚拟网络交流的趋势性》《插队的成因及其普遍心理等》,由题目就能清楚地看出小、初、高三种不同年龄层次的学生关心的话题和生活现象截然不同。而学生真实的心声也在其中袒露出来,如由徐汇区高安路第一小学报送的学生小调研《小升初毕业班学生如何有效缓解压力的研究》当中有这样一段:“在对同学的访谈中了解到,同学们最反感的是父母在毕业前跟我们说,

‘你看看某某某考进了某某学校，你到现在还没有着落，将来怎么办啊？’，他们感到自己已经很努力了，可父母还是说自己不好，总觉得人家孩子更好，当听到这些话会觉得自己没用，而且这样说的父母还不少……”

图 3-7　部分参与小课题研究的学生作品

真正的帮助需要建立在了解的基础上，“徐同学”们年龄不同、来自不同的家庭、受到不同环境的熏陶与教育，“徐老师”要做好“后盾”工作，使他们“一个也不掉队”，就要首先调整自己的工作态度，以学生为本，因人而异，因材施教，这才是“徐老师”能走进“徐同学”内心的重要原因。

第四节　有针对性地开展志愿服务

除了接待学生们心理问题的求助以外，“徐老师”还主动出击,根据之前做的咨询求助问题总结和在“学生小课题”成果中的发现,总结了“徐同学”们的需求特点,在4个问题领域有针对性地开展多项专门活动,力求在相关心理问题发生前有相对充分的预防措施。

一、适应问题

在对“徐同学”心理问题的调研中,“徐老师”发现“适应问题”常常是发生率最高、涉及学生年龄层最广的一个心理问题。人生的每一个重要关口都可能面对一次应激,都需要一个适应的过程。并非只有丧亲、离异、重病或事业挫折等这样的负性生活事件会影响心身健康,结婚以及家庭新成员的加入这样被普遍认为是“好事”的生活事件也一样可能因为适应不良而导致心理问题。可以说,每一次生活环境与习惯的改变都可能成为一种潜在的社会心理应激源。而对于学龄阶段的儿童和青少年来说,幼升小、小升初、初升高以及分班、转学,甚至每一次假期的结束,重新进入学校的过程都需要适应,一旦适应不良就可能产生各种后果,如厌学、拒学、焦虑情绪,或者其他原有的心理问题更加严重。成年人眼中的小事,对于孩子来说也许是个难以适应的重大环境改变,而“徐老师”团队在多年的工作和调研中也不断发现这样的案例。为了帮助“徐同学”们更好地适应各种学校、生活场域发生的重大变化,并让家长重视孩子的心理状态,帮助孩子调整心情,每次开学的关口,就是“徐老师”的“汇心”公众号最忙碌的时候。如针对开学的心态调整,“徐老师”特地在假期结束前发布文章《开学心态调整攻略,助你克服开学恐惧症》,建议家长提前调整孩子的作息时间和饮食方式,并通过购买新文具等方式，营造开学的仪式感，给孩子带来学习的动力。除此以外，“汇心”公众号还针对不同年级的学生问题给予不同的针对性建议，如《从学前小朋友到高中小哥哥小姐姐的9月“收心”锦囊》一文中，用轻松而不失专业的语气建议大中小朋友们在开学临近时，提前启动开学的心理和情绪按钮，回归学校和学业的正常作息，制定自己的学业计划，暂时离开典型的假日生活标志物，暂时停止聚会社交，循序渐进地进入静心和专注状态等；在近期的《2019新开学，家长们准备好了吗？》一文中则对家长如何辅助孩子们做好开学准备工作提出了各项建议，内容涉及从刚刚幼升小进入小学一年级的低龄学童，到马上要踏入成人准备期的高三毕业班学子。而对于一些特殊的生活事件可能对孩子们造成的影响，“徐老师”也时刻关注，“6・21”浦北路事件后，“汇心”公众号收到不少家长的信息，咨询如何与孩子交流这样的一个恶性事件。中心陆续发布《不幸事件发生后，请为孩子这样做》以及《给家长：不幸发生后在家如何帮助孩子》《请继续爱这个世界——突发灾害后如何科学关怀心理健康》，让家长了解孩子与成年人一样会产生情绪和生理上的应激反应，呼吁家长重视孩子的情绪变化并引导和安抚孩子度过特殊的时期。

二、考试焦虑

做学生逃不了“考考考”，考试是检验学习成果的有效方法，但考试成绩也容易成为学生间比较和排序的重要依据，在学龄阶段，影响学生自我评价方面恐怕很少有其他因素能超过成绩了，这也使成绩的影响力往往超过检验工具的范畴而引发新的心理问题——考试焦虑。

考试焦虑是指因考试压力过大而引发的系列异常生理心理现象。它是人们在面临考试时产生的一种特征性的心理反应，它受个人的认知、评价、个性特点等影响而产生的以对考试成败的担忧和情绪紧张为主要特征，包括考前焦虑、临场焦虑（晕考）及考后焦虑紧张。心理学认为，心理紧张水平与活动效果呈倒U形曲线关系。紧张水平过低和过高，都会影响成绩。适度的心理紧张，可以使人对考试有一种激励作用，产生良好的效果。但过度的紧张则导致考试焦虑，影响考场表现，并波及身心健康。2008年，国家心理健康机构中欧国际研究表明，61％的学生有不同程度的考试焦虑，其中26％为严重考试焦虑。考试焦虑严重影响考生的成绩，尤其是数学和语言科目。女生患严重考试焦虑的数量是男生的2倍。2006年，美国教育部TestEdge研究表明，61％的美国学生有不同程度的考试焦虑，其中26％为严重考试焦虑。在“徐老师”所接待的学生求助个案中，因为考试焦虑而导致的心理问题不在少数，而毕业班学生这样的问题最为集中。为了帮助毕业班学生在紧张的复习应考生活中，能够保持身心健康，自信地迎战人生的大考，“徐老师”携手徐汇区内中国中学、南洋中学和教院附中，多次举办“心理助力·从容应考”大型考前心理辅导活动，邀请经验丰富的心理专家为毕业班学生和家长开设讲座，分析学习压力下学生和家长的心态，在考前可能出现的各种心理不利因素，并就家长应该如何帮助孩子建立良好的心理状态，详细的介绍思路和方法。活动持续多年，如今已经取得了积极的社会效应，帮助了数以千计的学生和家长。

图 3-8　在中心与徐汇区教院附中共同举办的生涯辅导活动中，家长们全神贯注地聆听专家讲座

三、网络沉迷

互联网技术迅猛发展，网络已经成为人们社会生活不可或缺的一个部分，并对人们的生活方式、心理行为产生深刻的影响。在庞大的上网群体中，青少年占了很大的比例，并且还在逐步增多。据中国互联网络信息中心发布的《2013 年中国青少年上网行为调查报告》显示，截至 2013 年 12 月底，中国青少年网民规模已达 2.56 亿，占整体网民的 41.5%，占青少年总体的 71.8%。青少年各群体对互联网的使用时长均有所增加。截至 2013 年 12 月，中国青少年网民平均每周上网时长为 20.7 小时，较 2012 年增加了 2.3 小时。越来越多的青少年对互联网产生心理上的依赖感。在 2013 年的中心专项调研中，发现"网络成瘾"问题逐年增加，在所有求助问题中位列第五。在青少年时期，大脑还没有完全发育成熟，再加上强烈的激素分泌作祟，无法通过自我控制而抵制一些易成瘾的危险行为。因而较之成年人，青少年更容易对网络产生依赖，这也是“徐老师”将网络引起的学生问题谨慎对待，小心预防的原因。

为提高学生、教师、学校对于“网络成瘾”问题的重视，普及网络使用相关的心理学常识，中心策划了主题为“健康上网　拒绝网瘾”的涉及徐汇区的大型活动，面向全区学生征集主题宣传画，学生在教师的指导下，围绕“健康上网　拒绝网瘾”主题自行设计相匹配的宣传画（含宣传语），优秀作品在后期经过编辑处理，定制成画册下发各中小学。

图 3-9　“健康上网　拒绝网瘾”大型活动成果总结：学生网络成瘾咨询操作参考手册、宣传画册、宣传折页

另外，“徐老师”还广泛向团队志愿者以及社区、学校、心理辅导室工作人员或志愿者征集相关案例，在此基础上邀请行业专家进行案例督导和方法培训，力求使徐汇区心理健康工作者在遇到类似问题时，能更有经验和方法储备，更好地为有这样需求的学生提供帮助。

四、亲子关系

人的幸福感最本质的来源在于家庭，一个温暖的避风港能让孩子有更多的勇气去探索世界。对于孩子，父母总是愿意全身心地付出，然而有时付出却得不到好的效果，“孩子到底想要什么?”“我们该怎么帮助他们，而不让他们感觉被干涉?”“孩子为什么要和我对着干?”各种困惑和不解让不少父母产生了“育儿焦虑”，沟通的不顺畅也让许多亲子关系蒙上一层阴影。据“徐老师”对学生咨询内容进行的统计，因为亲子关系问题求助咨询的热线案例高居各项咨询问题的前列，而在其他问题中，例如学习烦恼、青春期困扰的问题中，也常伴随着亲子关系方面的问题。须知父母是一项最特别的职业，需要终身学习，和孩子一起成长。一边是孩子高呼不被爸爸妈妈理解，一边是家长们感慨做家长真难，如何能够帮助这样的家庭建立起良好的亲子关系，打开心与心之间的隔阂是“徐老师”们极为关注的一项重要工作。

在“汇心”公众号上总是及时更新最新的家庭教育理念资讯，并根据家庭教育的社会热点话题邀请专家进行解答，如《小学生写作业磨蹭拖拉现象怎样解决?》《帮助孩子合理使用手机，家长可以这样做》等家长普遍关注的问题在汇心平台上都能看到专家的具体建议，使家长们终于不用再为这些常见的问题而着急上火了。

“徐老师”每年暑假还与社区未成年人暑托班合作举办“汇心成长坊”系列活动，为双职工家庭解决暑期无人看护孩子的后顾之忧，更派出志愿者为孩子们带去了丰富而有营养的健康课程，例如《阳光心情我做主》《心接触·心了解》《相信自己，我真的很棒！》等，让孩子们在欢声笑语中收获积极健康的自我认识。

图 3-10　有欢笑，有思考，有成长——中心与社区合作举办“汇心成长坊”

在与社区或学校联动举办心理健康活动时，“徐老师”也常常组织志愿者进行现场咨询，从而方便家长和学生进行心理求助。每一次活动都受到家长的极大好评，家长们纷纷表示：“昨天的咨询和老师沟通得很愉快，不知不觉到了傍晚 6 点，感谢你们帮助我的家庭度过这个难关。”“孩子来咨询后，特别信任你们，现在有烦恼就愿意来中心和老师聊聊，感谢你们对我们家庭的帮助。”

除此以外，“徐老师”还与徐汇“家长学校”合作，联络专家资源举办家庭教育系列讲座及咨询活动，并走进学校举办《携手孩子、共同成长》《青春期亲子沟通》《如何做好家长》《儿童心理发展及习惯养成》《心理健康是家庭教育的重中之重》《家有考生》等家庭教育专题讲座，对未成年人家长开展家庭教育指导和培训，帮助家长进一步了解孩子心理与行为的发展特点，把握家庭教育的基本原则，形成良好的家庭氛围，学会用科学的教育思想和教育方法来教育自己的孩子，减少因家长的教育问题诱发的未成年人心理问题，为孩子的健康成长和终身发展打下坚实的基础。

第四章

“徐老师”志愿者队伍建设

志愿者誓言

> 我志愿投身于未成年人健康成长事业。
>
> 我当以真心、爱心和责任心对待每一个孩子和家长，我将切实担负起责任，让更多的孩子以健康的心态迎接未来。
>
> 我郑重承诺：
>
> 恪守职业道德，遵守职业规范，将充沛的精力和爱心奉献给这个神圣的事业。

第一节 志愿者团队发展

2011年成立至今,"徐老师"志愿者团队的成长有目共睹。在团队形成阶段和团队成熟阶段,"徐老师"志愿者工作在人员构成、管理模式、培训模式、提供服务的领域方面都有改变,总体而言是日趋改善,在摸索和总结中逐渐形成了一个较为稳定并为志愿者所普遍接受的工作模式,进而稳步地渐次推进各项工作。

图4-1 全体志愿者在王裕如教授的带领下重温誓词庄严宣誓

在团体形成阶段,首批志愿者由学校推选,并保证志愿者工作时间,因此这一阶段"徐老师"的成分较为单纯,基本来自徐汇区各中小学的心理健康任职教师。行政上的推进和保证使中心在成立后短期内就配备了一支专业过硬、素养可靠、熟悉学龄阶段未成年人心理状况,并擅长和学生及家长进行沟通的生力军。尽管这样的行政推进使初期的“徐老师”志愿者与完全意义上的志愿者有所区别，但为中心志愿者团队的形成奠定了基础。而在中心的服务工作和团队建设日趋成熟以后，志愿者和志愿服务也渐趋实至名归。

虽然刚开始志愿者人员数量有限，但中心还是很快地定下了每月例行培训的规范，将通过志愿者培训帮助学校心理教师适应新的身份变化作为初期的重要任务，而这些规范也在日后的探索中不断完善、进步，主要的基调却坚持了下来并一直运行到现在。初次志愿者培训于 2011 年 3 月 31 日举行，这对于“徐老师”来说有着非凡的意义。首批志愿者共有 92 人，在这次志愿者培训中李正云教授做了主题为《雨夜的呼唤》危机干预案例处理报告。此次培训进一步推进了中心的发展和建设，并为今后志愿者工作的良好开展打下基础。

在“徐老师”志愿者团队成立的初期，提供的服务仅限于中心内的咨询服务，尽管来访者也可以通过网络、热线等不到场的方式进行咨询，但提供服务的来源都是由志愿者在中心咨询室内完成的，在地点和方式上都有所局限，因此来访者要获得“徐老师”服务的方式也相对单一。另外，尽管“徐老师”团队的建设在这一阶段初具形态，中心的工作也获得了一定程度的认可，但作为上海市第一家区立公益性心理辅导机构，没有太多的经验可供参考，中心碰到了不少工作上的难题，初期只能暂时在量变的能级上逐步调整。例如，由于志愿者大多为在校教师，可支配的时间有限，尽管看起来人数尚可，但一到工作日的志愿服务安排常常面临捉襟见肘的窘境，使得最后定下的值班志愿者不得不面临一人负责多线工作的情况。另一方面，由于学生家长的知晓率有限，面询数量不多，更多的来访者选择使用网络咨询和热线咨询这样的远程咨询方式，到现场的来访者的准备状态也不足，一些来访者对“徐老师”的隐私保护工作和心理工作水平抱有怀疑，而大部分来访者都对心理咨询抱有不太实际的期待。而这些问题对志愿服务的效果和执行标准都产生了一定影响。

随着社会对青少年心理健康的重视程度逐年提升，各区心理中心所承担的任务也相应增多，为了满足日渐增多的心理咨询需求，中心逐渐扩大了志愿者的招募渠道，人员结构也因此更加多元化，中小学心理教师、大学教师、专业咨询机构心理咨询师和退休干部都出现在我们的申请者名单中，这无疑是中心“走出去”的另一有效途径。在各方合作伙伴的推动和志愿者成员的推荐下，越来越多的团体和组织认识了中心，寻求合作的次数也逐渐增多，中心逐渐从一个学校教育的外延机构到参与更多的社会活动已经成为必然趋势，“徐老师”也逐步进入团体成型阶段。来自学校的心理健康工作者依然是中心志愿者团队的坚强后盾，人数上绝对性的占比减少了相对随意性，缩小了管理的控制幅度，保证了团队结构一定程度上的稳定。而更多的不同行业志愿者的加入，则为中心志愿者团队提供了新鲜的血液。不同的背景带来不同的观念和经验，提供了在思路上开拓创新的源源动力。志愿者团队建设工作逐渐从咨询服务工作中独立出来，安排专人管理。

概括来讲，这一时期的志愿者根据自身的技术水平和擅长领域，在适应多种工作的过程中逐渐分化开来。中心也会根据志愿者的不同情况，在双向协商后邀请志愿者参加中心的各种不同活动。但是随着志愿者参与群体和人员的增多、服务范围的扩大，也为志愿者团队的管理带来一定的压力。德国心理学家勒温将个人行为的场理论应用于群体行为的研究，提出了“群体动力学理论”，勒温从整体论动力论的原则出发，将群体看作是一个动力整体，其中任何一个部分的变化都必将引起另一部分的变化，群体行为不是各个成员个体行为之和，成员之间存在着相互作用、相互影响的人际活动。而作为一个以心理辅导为主要工作内容的机构，我们非常清楚这样的一种效应对于整个团队建设的影响，并注意在日常工作中结合志愿者的实际情况来进行整合。

首先在招募过程中，随着招募渠道的扩大，申请者的数量与日俱增，但同时真正具备学校心理咨询师的专业素养和志愿者的公益精神的申请者依然是十分宝贵而难得的。在开放志愿者招募后，“徐老师”也收到过大量富有热忱的申请，这些申请者都有为未成年人心理健康事业做贡献的良好愿望，但其中许多人心理辅导工作经验不足，有时仅仅只有一个非常宽泛的了解，因此他们无法成为志愿者的最佳人选。而在“徐老师”的工作逐渐产生社会效益以后，也有具备专业技能的同业者希望能以志愿者的身份获得一些平台上的便利——志愿者的个人成长也是志愿者团队建设的目标之一，中心在举办专业活动时也会给予志愿者部分特权和优惠政策，但如果申请者以个人的受益为主要目标，就不免与志愿者的身份原则产生矛盾，也违背了中心建立志愿者团队的初衷。

另外，群体是动态的，尤其对于志愿者团体这样非正式的群体来说，人员的变动是常态，这就给“徐老师”的志愿者团队管理带来了一定的难题。相比于因为特定活动而征召的志愿者，在短时间内快速聚集、快速解散的特点，“徐老师”所提供的服务是长期而稳定的，这就使得志愿者需要提供服务的时间远远不是几天，或者几个月就可以完成，因而志愿者成员也需要和中心的工作人员一样具有一定的稳定性，才能减少在工作对接中发生的问题。另一方面是由心理辅导这一工作的特殊性质所要求的，只有极少数的心理咨询可以一次就起到效果，涉及多次的心理咨询要保持稳定的进程，就必须使咨询师和来访者的匹配保持相对的稳定，这就需要作为咨询师的志愿者为同一位来访者提供多次服务。但同时志愿者成员并没有稳定的编制，而教师工作的忙碌现状以及一些不可抗因素也对这种稳定而持续的要求提出了挑战，时常有志愿者因身体问题、家庭情况以及工作调动等原因，在一段时间内无法参与志愿服务，甚至只能暂时离开中心志愿者队伍。不可忽视的是群体还有社会惰性效应。“社会惰性效应”是指随着群体规模的增大，个体在完成群体任务时的努力将减少，其原因是责任的分散使得个体的相对责任减少，造成个人投入与群体产出关系的模糊。在惰性攀比的心态下，个人就会降低自己的努力，导致群体的工作效率降低。而作为一个成长的志愿者团体，在人数逐渐增加，尤其是突破百数之后，这就成为摆在中心面前的一个不可忽视的问题。这方面的问题较明显体现在部分后备志愿者中。在通过了严格的面试环节以后，有部分志愿者尽管取得了行业的相关资质，同时也不乏奉献精神，但从事心理健康或教育工作为时尚短，为保证志愿服务的质量，他们暂时作为志愿者的后备军，承担一些接待热线、活动辅助等工作，这时就有少部分志愿者对于“徐老师”志愿者身份的预期落空，感觉申请时的期待与中心需求之间存在落差，参与活动的意愿也减少了。

由于志愿者的结构问题和中心提供的服务的特殊性，对于如何营造一个志愿者之间友善竞争、相互促进的有益氛围，从而确保相关的公益事业可以平顺有效地进行，中心一直没有停止探索和调整。但是无论采用何种形式的团队建设，中心的目的依然非常明确,那就是招募和组建一个同时具备专业技能和奉献精神的志愿者团队,确保为未成年人提供各种与心理健康相关的优质服务。多年的沉淀,徐汇区中心志愿者团体的发展获得了新的动力,组织和管理也更加规范化和科学化。更多活动的开展也为志愿者的工作提供了更大的平台,使得大量志愿者逐渐走向前台,在中心组织活动的大框架中充分体现了自身的价值。志愿者人数的增多成为中心提供更为多样化服务的重要后盾,如今中心活动的范围和空间扩展到了与未成年人心理健康相关的各个领域。与团队初建时期相比,除了提供咨询服务的方式更加丰富,志愿者承担的工作中也增加了许多非咨询的工作,如培训现场翻译、授课、讲座等;咨询工作也不再局限于中心内部,而是“走出去”,在一些活动举办期间进入社区、学校,采用开放式的现场咨询,为参与的社区市民和学生家长现场解答心理保健问题和提供家庭教育方法建议。这些工作也对志愿者的素质提出了更高的要求,因此志愿者的选拔过程相应变得更加严格,在材料审核之后增加专家面试环节,通过了解申请人员的心理工作履历和专业素养、实操技能等,最终确定满足“徐老师”工作专业要求的志愿者申请人。

刘佳老师是“徐老师”的首批志愿者之一,回忆“徐老师”8 年的发展之路,他说道:“还记得 8 年前中心刚刚成立不久的时候,我就以学校心理教师的身份成为中心的志愿者。作为志愿者的我们每个学期都会被安排去中心值半天的班。当时我们的主要任务是负责‘徐老师’热线的接听以及在 QQ 上以‘徐老师’的身份为我区的未成年人提供心理援助。说实话当时面询真的很少,一个学期难得会遇到一两个。然而就在这短短 7 年内,我们值班的周期越来越频繁,从一个学期一次,到一个学期两次,从一个月一次到现在几乎每周双休日我都要抽出半天时间去中心接个案，接面询。这说明我们时代正在快速的发展变化，7 年前我们还没有微信、微博，而 7 年后我们区教育局和区中心共同创建的‘汇心’公众号已经在我们徐汇区的中小学中家喻户晓了。学生、家长，乃至整个教育体系对未成年人心理健康的关注程度也越来越受到重视。这些都让身为中心志愿者、学校心理教师的我们感到无比骄傲和自豪，成就感油然而生。随着人们对学生心理健康教育的需求越来越多的同时，对我们学校心理教师和中心志愿者的要求也会越来越高。不断提高专业素养，不断更新教育理念，是我们作为学校心理咨询师的必修之路。最后，我想说的是，使人开心只是心理咨询的前奏，而使人成长才是心理咨询的主旋律，这个成长的对象不仅仅是指我们的来访者，也包括我们自己。”多年来，志愿者个人和团队共同成长，另外值得自豪的是尽管志愿者人数众多，但“徐老师”团队并没有因机构扩展产生内耗问题，在正常的人员流动之外，“徐老师”志愿者团队依然是一支积极向上，能打硬仗的队伍。

图 4-2　刘佳老师作为优秀志愿者代表在全区心理工作推进会上发言

第二节 志愿者培训项目

中心为"徐老师"志愿者的培训制订了全面而系统的综合性计划，通过各种学习手段提高咨询师志愿者的工作能力、知识水平，并将培训计划分为普通培训和专项培训。

一、普通培训

普通培训主要指每月一次的志愿者例行培训，尽管是例行，中心也注重在学期初做好准确规划，从而使例行培训也更具延续性和系统性，如在未成年人心理咨询中经常采用的"表达性艺术治疗"，中心分阶段举行关于沙盘游戏、图画心理、表达性投射测验等主题的多层次培训。对未成年人的心理辅导很多情况下绕不开"家庭治疗"技术，就这一主题中心利用志愿者例行培训时间共进行 8 次培训。除了讲授为主的培训，心理咨询技术最终还是要落到实处，实操能力才是咨询有效性的最终保证。因此中心确保每学期举办一次案例督导活动，请有被督导意愿并有合适案例的志愿者积极报名，在例行培训中对案例的重要内容和可商榷环节进行现场分享（对案主的个人信息进行隐私处理），邀请行业专家对案例的情况和咨询辅导的过程进行点评，并对相关案例的处理对参培志愿者给出建设性的建议。

将志愿者的培训与学校心理教育现行的主题结合起来也是中心的一个创新。考虑到"徐老师"志愿者成员中学校心理教师的占比仍然较高，志愿者培训与学校心理活动主题的结合不仅促进更多的新进心理教育工作者参与中心的志愿者工作，并且为中心这个大家庭的主要成员提供了各种帮助，兼顾了中心的各种组织角色，又丰富了学校的活动资源。

二、专项培训

专项培训则主要结合学校心理工作及“徐老师”团队在服务开展过程中所遇到的典型问题进行开发。如针对学校极为关心的学生高危案例的处理，中心与上海市精神卫生中心合作举办了《青少年心理危机干预》系列培训督导课程，用 3 个全天对志愿者进行上午讲座和下午督导相结合的立体培训。另外如未成年人常见的心理疾患，例如 ADHD（注意缺陷与多动障碍）、神经症和精神疾病等也日益成为中小学教育中的棘手问题，由于这些心理疾患的治疗超出了心理咨询师的辅导范围，因此在相关资质证书的培训中都较少提及，也造成了许多志愿者和学校心理从业人员在这些领域存在知识上的欠缺。但难以忽视的是对于这些常见心理疾患的了解程度将极大地影响咨询效果以及教师对该类学生进行学校教育的成果。考虑到实际工作的需要，中心相继邀请上海市精神卫生中心范娟医生、江文庆医生、杜亚松医生等多位医学专家来为志愿者进行专题培训，培训主题包括《学校教师如何评估及帮助注意缺陷多动儿童》《ADHD 小学生的教育应对》《医教结合，应对常见学生心理疾病》等，这些医学专家不仅具有丰富的临床经验，而且对相关心理疾患的前沿科研成果有着及时的了解，他们的专题培训讲座既让志愿者们开阔了视野，更新了知识，也提升了大家应对工作中遇到问题的能力。

另外，“徐老师”的志愿服务有其特殊性。作为一个提供心理咨询的专业机构，中心所组织的志愿行为同样需要遵守国家的执业标准，“徐老师”志愿者在志愿者规范以外还必须严格遵守国家《精神卫生法》的法律规定和心理咨询师的伦理要求。为帮助志愿者在工作中明确法律要求和职业操守，中心也举办了多场关于心理咨询法律和伦理的培训，如在《精神卫生法》公布初期，不少志愿者对其中新出条的严格规定感到不解，中心及时举办了《精神卫生法是牢笼还是保护?》讲座，帮助大家理解法律的理路和初衷；在心理咨询伦理逐渐成为行业热点话题时，中心又举办了《青少年儿童咨询伦理》等多次培训。

图 4-3 中心编制的志愿者工作手册和实务培训手册

除了现场培训，中心还通过自主研发或专业合作的方式，为志愿者编制了一系列的自主培训读本和线上培训课程。如《志愿者实务培训手册》《网络成瘾案例心理辅导室操作手册》等教材，使新志愿者学有所依，明确工作职责、权利与义务。同时紧跟时代步伐，利用“互联网＋”的传播化、体验化、开放化、自主化和 MOOC 课程方便易得的特点，拍摄、制作、推广了一套《危机干预在线教程》。教程内容为徐汇区未成年人心理健康辅导中心与上海市精神卫生中心合作，邀请专业软件公司制作，摒弃了由老师讲课的单向灌输型教学，而采用互动反馈式的教学模式，内容布局和发展逻辑完全根据心理工作实景来设计，使学习者完全进入一个实态模拟环境中，边实践边学习。促进“徐老师”志愿者提高危机识别和干预能力。

总体而言，“徐老师”志愿者的培训内容主要由心理咨询知识与技能、心理咨询师职务职责与任务、心理咨询的发展现状和前瞻性问题以及实践操作指导 4 个部分组成。这些培训课程为志愿者提供更为切合工作的帮助，将培训的目的落到实处，为“徐老师”的各项活动以及学校心理咨询师提供更好的工作人员。

中心培训简表

徐汇区未成年人心理健康辅导中心 2011—2019 年讲座安排		
时　间	主　题	学时
2011 年 3 月 31 日	雨夜的呼唤(危机干预)	2 小时
2011 年 4 月 28 日	箱庭(沙盘)疗法培训	2 小时
2011 年 5 月 26 日	热线咨询中的危机识别	2 小时
2011 年 10 月 20 日	智能型心理仪器在学校心理健康教育中的应用	2 小时

（续表）

时间	主题	学时
2011年11月17日	在压力中成长，让生活更快乐	2小时
2012年3月15日	心理咨询个案督导	2小时
2012年4月12日	中小学心理辅导的艺术	2小时
2012年5月24日	学校心理危机干预的现状与实施（一）	2小时
2012年6月7日	学校心理危机干预的现状与实施（二）	2小时
2012年9月20日	医教结合，成就未成年人健康成长	2小时
2012年10月25日	关注孩子们“学习问题”背后的原因	2小时
2012年11月22日	关怀生命　追寻意义　成就幸福人生	2小时
2013年3月28日	沙盘游戏，助力孩子的身心健康	2小时
2013年10月24日	“万箭穿‘心’，成长就好——心理老师的个人成长与职业发展”	2小时
2013年12月12日	王裕如老师心理咨询案例督导	2小时
2014年3月27日	整合资源，助力情绪障碍患儿适应社会	2小时
2014年3月8日	蜕变——女性与母性	4小时
2014年3月15日	平衡——自我与母亲	4小时
2014年3月22日	理解“焦虑与期待”	4小时
2014年3月29日	前行——爱与被爱	4小时
2014年4月17日	拓展思路，专业服务	2小时
2014年5月8日	网络成瘾案例督导	2小时
2014年6月19日	关注星星的孩子	2小时
2015年3月26日	图画心理运用于学校心理危机干预	2小时
2015年5月28日	图画心理运用于学生情绪行为问题咨询与治疗	2小时
2015年6月18日	心理咨询案例督导	2小时

（续表）

时　间	主　题	学时
2015 年 9 月 24 日	QPR 心理危机简明工作方案	2 小时
2015 年 10 月 29 日	家庭系统治疗之系统观	2 小时
2015 年 11 月 26 日	家庭系统治疗之家谱图	2 小时
2015 年 12 月 24 日	家庭治疗的家庭图应用及案例督导	2 小时
2016 年 3 月 31 日	家庭治疗中的三角化与家庭周期	2 小时
2016 年 4 月 28 日	家庭治疗中的初次会谈与四步评估法	2 小时
2016 年 5 月 26 日	四步评估法与案例演练	2 小时
2016 年 6 月 23 日	家庭治疗心理咨询案例督导	2 小时
2016 年 9 月 29 日	学校教师如何评估及帮助注意缺陷多动儿童	2 小时
2016 年 10 月 27 日	ADHD 小学生的教育应对	2 小时
2016 年 11 月 24 日	相对发展型世界观与性格的和谐统一	2 小时
2017 年 1 月 6 日—7 日	未成年人心理危机的形成机制与干预措施专业培训活动	12 学时
4 月 13 日	2017 年度“健康校园　美丽心灵”上海学校心理健康教育活动月徐汇区专题培训	2 小时
2017 年 5 月 25 日下午	危机干预案例督导	3 小时
2017 年 6 月 8 日上午	青少年儿童咨询伦理	3 小时
2017 年 6 月 8 日下午	危机干预案例督导	3 小时
2017 年 6 月 22 日上午	危机干预的伦理	3 小时
2017 年 6 月 22 日下午	危机干预案例督导	3 小时
2017 年 7 月 6 日上午	评估与诊断	3 小时
2017 年 7 月 6 日下午	案例督导	3 小时
2017 年 7 月 20 日上午	动力性心理治疗	3 小时
2017 年 7 月 20 日下午	案例督导	3 小时

(续表)

时 间	主 题	学时
2017年8月10日上午	评估与诊断	3小时
2017年8月10日下午	案例督导	3小时
2017年8月24日上午	支持性心理治疗	3小时
2017年8月24日下午	案例督导	3小时
2017年9月7日上午	人本主义心理治疗	3小时
2017年9月7日下午	案例督导	3小时
2017年9月21日上午	认知行为治疗	3小时
2017年9月21日下午	案例督导	3小时
2017年10月19日	认知治疗在心理咨询中的应用(上)	2小时
2017年11月30日	校园心理危机的防御与干预	2小时
2017年12月28日	心理测评技术在心理咨询中的应用	2小时
2018年4月4日	表达性投射测验在学校心理健康教育中的应用	2小时
2018年4月12日	心理剧与校园心理情景剧	2小时
2018年4月26日	认知行为治疗的第三浪潮	2小时
2018年5月24日	校园心理危机的预防与干预(二)	2小时
2018年9月21日	学校心理咨询的伦理原则及冲突	2小时
2018年10月18日	脑科学视角下的学校心理辅导	2小时
2018年11月29日	案例督导	2小时
2019年3月21日	医教结合,应对常见学生心理疾病	2小时
2019年5月30日	青少年心理危机干预	2小时
2019年9月19日	案例督导	2小时
2019年10月17日	学生情绪障碍的处理及转介	2小时
2019年11月28日	学习心理辅导能力提升	2小时
2019年12月26日	冥想与心理咨询师的自我关爱	3小时

第三节　志愿者团队激励机制

志愿者是一个内涵丰富的概念，但在多数情况下，无偿的工作、无私的奉献是各种志愿工作共通的地方。国外研究者指出：纯粹的志愿者严格地限定在“自愿提供服务、没有任何报酬、在正式的组织中工作、与受益者无任何亲属关系”这 4 个标准中。国内学者则主要从精神文明建设的角度来界定志愿者，把志愿服务作为人们精神活动的内容，以“无偿服务、助人为乐”为基本特征，丁元竹和江汛清在其《志愿活动研究》中以志愿精神为基础界定志愿者：志愿精神是指一种自愿的，不为报酬和收入而参与推动人类发展、促进社会进步和完善社区工作的精神。志愿者是指那些具有志愿精神，能够主动承担社会责任而不关心报酬的人，或者说不为报酬而主动承担社会责任的人。助人行为过去被赋予道德示范的价值，而现在却强调的是一种生活方式，在一些发达国家，显赫政要、商界精英也常常以社区成员的身份去参加志愿活动，而获得内心的快乐。志愿行为是靠一种集体行动共同完成的行为，因而其最重要的特征就是组织性，这是在认同组织者价值取向的基础上，在充满积极和关爱的氛围中，与集体中的他人一起努力，在付出的施与中获得荣誉感、归属感和认同感的过程，是一种价值取向的集体建构。来自各方的专业人员，带着奉献的热忱来参与“徐老师”的活动，大多时候只领取有限的车费津贴，他们对于活动结果是抱着物质利益之外的期待的，因此中心的志愿者团队建设也不能仅仅停留在实用主义的层面，除了关注怎样组织团队达到预设的活动目标，还要关照志愿者的内心诉求和个人发展。

激励机制在企业管理中是必不可少的话题,除了物质激励,精神激励也是重要的部分。实践证明,对员工的激励,能充分调动其内在的积极性,让员工对企业产生认同感,从而出色地实现团队的目标,提高工作的效率,为企业贡献自己的价值。而在志愿者工作的开展中,激励机制也能很好地激发志愿者的工作热情。在《道德情操论》中,亚当·斯密曾说:“人不仅生来就希望被人热爱,而且希望成为可爱的人,他不仅希望被人赞扬,而且希望成为值得赞扬的人,或者说希望成为那种虽然没有受到人们的赞扬,但确实是自然而又合宜的赞扬对象。”[①]对他人肯定的渴望,是志愿行为的重要支撑力量之一。中心探索了多样化的精神激励机制,包括荣誉激励、宣传激励、关怀激励、学习激励等内容,用有形的符号载体,传递志愿者之间的自我认同和社会认同。

首先是荣誉激励,中心每年评审 10—15 名“优秀志愿者”和 10 名“十佳咨询师”,在上下半年分别开展,在每年 3—4 月召开专门的表彰会议,除了一定的物质奖励以外,还邀请这些“徐老师”的优秀成员讲述自己的工作事迹,请他们中的一些人介绍自己的工作经验和心路历程。在表彰公示后通过中心公众号“汇心”和中心主页等互联网平台,采取丰富多彩而又简明、直观、接地气的宣传形式,为其他志愿者,尤其是新进志愿者提供良好的榜样作用。

---

① 亚当·斯密著,蒋自强等译:《道德情操论》,商务印书馆 1997 年版,第 141 页。

图 4-4 中心优秀志愿者受到表彰

其次是宣传激励，中心长期在互联网平台上为“徐老师”志愿者们提供展示自己的平台，每一位中心的正式咨询师志愿者（实际接待咨询工作）都可以提供自己的照片和履历进行展示。志愿者们在参加“徐老师”组织的“走出去”活动时，如进校心理咨询、社区心理咨询等开放式咨询活动，中心免费为他们准备席卡和印有个人介绍的易拉宝等。一方面学生和家长可以通过介绍了解志愿者咨询师的工作履历、咨询经验以及擅长的咨询方向等，另一方面志愿者也可以借此树立作为心理咨询师的良好个人形象。

再次是关怀激励，这是一种纯粹的情感激励。每当有新志愿者正式加入“徐老师”大家庭，中心会集中召开迎新仪式，向新志愿者正式颁发志愿者聘书，并向全体志愿者介绍新志愿者的个人情况，让新老志愿者有相互了解、相互认识的机会，帮助新志愿者更快地融入“徐老师”团队。另外，作为一种特殊的志愿服务，咨询是一种深度的心与心之间的交流，犹如拿自己干净的抹布去为别人擦去心头的灰渍，咨询师在助人的时候多少会对自身心理健康有所影响，中心也邀请业内专家积极开展各类针对咨询师个人成长、情绪调适、职业倦怠问题的健康讲座，现已进行的包括如《万箭穿“心”，成长就好——心理老师的个人成长与职业发展》《蜕变——女性与母性》《前行——爱与被爱》《冥想与心理咨询师的自我关爱》等主题，并与分中心南洋中学共同举办徐汇区教师心理关爱活动，开展主题为“觉察自我，改善沟通”以及冥想放松团体心理培训。这些讲座主要探讨个人心理健康与工作的平衡、个人的社会角色应对等话题，帮助志愿者们在助人的同时关注自我的心理健康。

(1)

（2）

图 4-5 中心举办徐汇区教师心理关爱活动

最后是学习激励。中心始终高度重视志愿者培训工作，在全员培训之外，一些小班化的高端培训也具有激励性的作用。大部分高质量的培训课程有人数上的限制，控制人数使得培训的辐射更全，效率更高。“徐老师”志愿者背景不同，擅长的咨询模式和领域也有所不同，通过开展针对性的培训，志愿者可以在自己的领域内更专精一步。而这样的培训，中心采用报名加选拔的流程，将培训信息提前公布，志愿者们可以根据自己感兴趣的内容进行报名，而优秀志愿者优先纳入培训范围，逐步形成团队内部争先创优，争相纳入培训的良好氛围。而在培训后，也鼓励参陪志愿者分享学习成果和感想，形成以少带多、以强促弱的团队动力，让优先送培、重点培养成为“徐老师”志愿者积极争取、努力奋斗的追求。

对此，“徐老师”的优秀志愿者王佳骊老师有着切身的体会：

成为徐汇区未成年人心理中心的“徐老师”是一件非常幸福的事，因为这是一个专业、友爱又求实的团体。每月一次的未成年人心理咨询专业培训，精卫中心的一线医生、业界大咖、学界楷模，每次都是满满的干货，让志愿者们一次都不想错过。2017年1月还请来了外国的“危机干预”专业团队导师，两日关于“未成年人心理危机的形成机制与干预措施课程”的专题培训，让“徐老师”们的工作有了更多的指导方针和实施策略。同时，专业培训不光类目丰富还生动有趣，家庭治疗、认知行为治疗、表达性艺术辅导及测评的应用、心理剧的拍摄制作等，不仅增长了“徐老师”们的本体知识，更让大家找到自己专长的方向。对于在学校“孤军奋战”的心理健康教育工作者们，徐汇区未成年人心理咨询中心，是他们友爱的家。小学、中学，乃至中职校的老师们，通过中心相识、相知，相互学习，互为支持。每月中心志愿者的培训前和结束后，都是“徐老师”们聚会的时刻，大家交流工作中的困扰、疑惑，分享心得和经验，这友爱的一刻虽短，但弥足珍贵。每年阳春三月，新一年的开始，“徐老师”们相聚一起，交流优秀工作经验、表彰优秀志愿者队伍和团体，展望和布置新一年的重点工作。在这里，优秀志愿者们用他们切实的工作经历和踏实的工作作风感染着每一位新加入志愿者团队的老师们，用他们求实务实、志愿奉献的精神，点亮每一位“徐老师”心中的灯。

第四节 “徐老师”志愿者考评制度（摘自《徐老师工作手册》）

为加强徐汇区未成年人心理健康辅导中心自身建设，完善各项管理机制，更有效地开展各项工作，更好地服务未成年人及其家长，同时为了进一步增强志愿者的自我管理、服务意识，充分发挥志愿者的积极性、主动性和创造性，提高中心志愿者的整体素质，促使徐汇区未成年人心理健康辅导工作朝着制度化、规范化、系统化的方向发展，更好地发挥中心在徐汇区未成年人心理健康辅导工作中的重要作用，特制定徐汇区未成年人心理健康辅导中心志愿者工作考评制度。

第一条　考评目的

对志愿者在中心志愿服务期间的表现，以考评的方式加以全面反映和鉴定。

第二条　考评内容

对志愿者从出勤、工作、专业素质三方面进行考评。

第三条　考评办法

由徐汇区未成年人心理健康辅导中心建立《徐汇区未成年人心理健康辅导中心志愿者档案》，并组织人员对志愿者进行考评。

第四条　考评形式

中心对志愿者考评实行等级制，分为优秀、良好、合格、不合格四档。不合格者不能参加任何评优，并由领导小组讨论是否予以劝退处理。

第五条　考评细则

一、出勤考评

1. 会议出勤。

志愿者参加会议时须按要求进行签到，不迟到、早退、无故旷到，如有病假、事假必须提前向中心说明。

2. 活动出勤。

中心组织活动，志愿者应准时到场，不迟到、早退、无故旷到，如有病假、事假必须提前向中心说明。

3. 值班出勤。

志愿者根据中心办公室排定的“志愿者值班安排表”进行咨询工作。不迟到、早退、无故旷到，如有病假、事假必须提前向中心说明。

二、工作要求

1. 心理咨询师必须态度热情、工作细致和认真，不得迟到、早退，要按时到岗接受来访者咨询。

2. 在热线开通时间段内参照《徐老师热线心理咨询电话接待工作规范》及《徐老师热线接听规范用语》等制度进行咨询工作。

3. 按要求完成咨询记录并在规定时间内发至中心邮箱。

4. 若来电咨询者提出面询需要，按要求记下大致需求及联络方式、填写面询预约表。

5. 值班工作结束后，填写办公桌面上的值班记录表，并关闭所有电源及门窗。

三、专业素质考评

1. 咨询人员应严格按科学态度和专业要求工作。必须接受规范的专业培训，努力钻研有关理论，提高自己的专业能力，探索工作规律。

2. 咨询人员要用未成年人及其家长理解的语言，向来访者解释本中心心理咨询工作的性质和范围，以及其自身权利，帮助未成年人及其家长正确认识心理咨询的意义。

3. 咨询人员必须平等对待未成年人及其家长、信任未成年人及其家长，在与来访未成年人及其家长相互尊重的基础上开展工作。要特别注意尊重来访者的人格尊严，保护来访未成年人及其家长的正当权益；从促进未成年人健康发展出发，真诚对待来访未成年人及其家长，接纳对方的各种困扰，对他们需求达到同感的理解，立足于全面发展帮助对方解决问题；尊重未成年人及其家长自愿接受服务的权利。

4. 咨询人员应遵循教育发展的规律向未成年人及其家长提供帮助，立足于启发未成年人自己认识自己，自己接纳自己，自己帮助自己，自强自立，健康成长。

5. 咨询人员必须严格遵守保密原则。保护未成年人及其家长的隐私和其他秘密，对未成年人及其家长的有关资料、案例予以保密，单独保管，只有在专业需要和必须会诊时，才能和其他专业人员讨论来访未成年人及其家长的案例；不得将未成年人及其家长的案例作为谈话资料；在研究和写作中需要引用未成年人及其家长的资料时，必须隐去可能辨认出来访未成年人及其家长的有关信息；通常情况下，不得向学校其他人员及家长透露未成年人及其家长的秘密；出于保护未成年人及其家长的安全、防止意外事件发生以及需要争取其他人员帮助，必须向有关人员提供未成年人及其家长心理咨询资料时，要向能负责、能保密和有权力、有能力解决相应问题的人员提供，同时注意保护未成年人及其家长的安全并使他们感到安全，不进一步扩散有关信息。

6. 咨询人员在工作中需要使用心理测验时，必须遵守中国心理学会心理测量专业委员会颁布的《心理测验工作者道德准则》，按心理测验的规范进行，不滥用心理测验，科学、客观地使用测验结果。

7. 咨询人员必须了解未成年人及其家长心理咨询的局限性和自身的局限性，在自己的职责和能力范围内开展工作，对自己不能解决的问题，必须及时转介，推荐其他合适的专业人员予以解决，建议未成年人及其家长到校外相关部门接受咨询或治疗，转介时要耐心做好未成年人及其家长的工作，不给他们增添心理负担；对未成年人及其家长提出的超越自己职责范围的要求，不能予以满足。

8. 咨询人员必须始终注意保持和来访未成年人及其家长关系的纯洁性，不得与来访未成年人及其家长建立心理咨询和教育关系以外的任何其他关系，不得收受未成年人及其家长任何物质报酬和馈赠。

第六条　本考评制度最终解释权、修改权归徐汇区未成年人心理健康辅导中心。

第七条　本考评制度自颁布之日起施行。

第五章

“徐老师”心理咨询服务

Help 图示

Happy	敬业乐业，守护幸福
Efficient	务实高效，扶危济急
Leading	紧跟时代，勇于担当
Professional	追求卓越，专业引领

第一节 “老师老师爱我爱我”

“铃铃铃……”徐汇区未成年人心理健康辅导中心热线办公室的热线电话响起，一天的咨询服务工作也由此拉开了帷幕。这是一条在徐汇区广为知晓的心理求助热线——64642525，这条热线全年无休，有专业资质的热线咨询师24小时全天候在线。它的号码取自谐音“老师老师爱我爱我！”除了希望这个号码因为好记的谐音能在学生需要时很快地被想起，这简单的8个数字里还包含着“徐老师”团队对自己工作的要求，以爱为出发点，带给求助的孩子们温暖与爱的体会。这条热线承担着双重使命：一是作为一条心理咨询热线，承担初步的和相对简单的心理咨询工作。即便在心理保健意识逐渐深入人心的当下，还是有一些学生和家长对于心理咨询存在一定的顾虑，这当中有多方面的原因，除了对“心理咨询”本身的疑虑以外，如果是首次接触“徐老师”，他们也存在着对于隐私外泄问题的担忧，尤其是“徐老师”所属的徐汇区未成年人心理健康辅导中心与全区中小学校同属教育局，在工作中有许多共建与合作的机会，不少家长担心：如果孩子在这里接受心理咨询服务，会不会很快地被学校老师和同学知道？会不会被他人用奇怪的眼光看待？在求助的需求和自身顾虑的矛盾中，将拨打热线作为求助的第一步是他们中许多人的选择，而“徐老师”也非常欢迎“徐同学”和“徐家长”通过热线的渠道，主动打开和“徐老师”联系的第一扇大门，因为求助是治愈的第一步，也是最重要的一步。绝大部分学生和家长会通过热线的初步咨询，了解“徐老师”技能水平和职业伦理的专业性，从而放下顾虑和戒备，接受更有针对性的面询服务。对于依然有疑虑的学生和家长，“徐老师”热线也始终向他们敞开，时刻准备着向他们提供专业而耐心的服务。二是作为一条预约热线。在工作的早期，中心也曾尝试将咨询和预约在线路上分开，但随着“徐老师”的工作逐渐为学生和家长所熟悉，也因由谐音上的朗朗上口，64642525 在徐汇区渐渐深入人心，成为一条大家耳熟能详的心理求助专线，原有的面询预约热线反而为大家所遗忘。另外，中心在提供心理咨询服务的具体实践过程中也确实发现，不少求助者都有从热线咨询过渡到当面咨询的过程，有些时候分成两条线路并不方便，于是经验随工作而进益，逐渐将两套功能都合并到了“老师爱我”热线中。

[以 2019 年 4 月一次热线咨询的完整过程为例。]

今天值班的热线志愿者是咨询师赵红艳老师，听到响铃后她很快地接起了电话：

“您好，这里是徐老师热线，请问有什么能帮您的？”

这次来电的是一位学生家长，在近期与孩子学校老师沟通的过程中，得知女儿最近在校的状态出现了一些问题，心里很担忧，在老师的建议下决定向“徐老师”求助。在家长的倾诉中，赵老师得知这位来电家长的女儿小 A 最近心情低落，据小 A 和母亲的自述，数天前小 A 到办公室交作业的时候，不小心踩到了老师的鞋子，在她发觉后立即向老师道了歉，但不知为什么，老师只是看了看自己的鞋子，却对小 A 的道歉没有丝毫回应。小 A 感觉老师一定生气了，也许已经对她留下了很坏的印象。这样的一种内心活动她当然不能向老师去求证，只能闷在心里反复发酵，到了近几天已经发展到情绪低落，上课和做作业时都无法集中注意力的情况。赵老师具体询问了孩子的年龄、性别、年级、所在学校情况等，得知孩子在一所重点中学的高三年级就读。对于毕业班的学生来说，平时学习和考试压力都比较大，因而不能因为听上去引起问题的起因小就忽视引发的情绪状态。赵老师又详细询问了孩子平时在学校的情况、性格特点，开始情绪反应的具体时间，以及之前是否遇到过类似的情况等。家长告知小 A 性格一直内向敏感，常会把一些小事放大化理解，特别在意别人尤其是朋友的看法，在赵老师的提醒下，家长又想起小 A 近期似乎和一位好朋友的关系也遇到了一点问题。有些看似不经意的信息，可能对于问题的解决都有着重要的作用，赵老师没有大意，一边倾听一边将一些可能重要的信息都记在了热线咨询记录表上，出于谨慎，赵老师还向家长明确了小 A 是否以前也曾接受过相关的心理辅导或治疗方面的信息。

在安抚了家长的情绪后，赵老师建议家长能带小 A 到中心的咨询室接受更进一步的面询辅导。这时家长表达出了她和小 A 的顾虑，比如在咨询室应该说些什么？怎么说？小 A 没有接受过心理辅导的经历，担心自己“说错话”。家长则担心孩子所述的问题中涉及学校的老师，在“徐老师”这里接受心理辅导一定会说到老师的一些负面问题，如果被老师知道会不会有不良影响？对这些顾虑，赵老师都做了详细的解释，让小 A 放松接受辅导，说出心里真实的感受和想法就可以。并强调了“徐老师”的保密原则，告诉家长孩子的信息中心都不会随便地透露给第三方或其他人，孩子跟咨询师在咨询室里发生的一切只有当事人知道。只有在遇到特殊情况，例如孩子已经出现一些比较严重的行为，自伤自残、自杀倾向或可能危及公共安全等行为，中心才会出于保护孩子和他人的考虑为孩子寻找支持系统，与第三方合作。

赵老师在电话里和小A母亲约好了面询时间，提醒她们在面询当天带好学生证明材料等细节，并向小A母亲介绍了一些帮助毕业班学生调适情绪的小方法，顺利地结束了这次热线咨询。不过，对于整个预约流程，现在只进行了一半。根据小A的情况，了解高中学生的学校心理咨询师能更好地对她进行心理辅导，赵老师打开心理咨询师名单，根据各位咨询师志愿者留下的咨询经历、资质信息，以及可以接待咨询的具体时间等情况，赵老师决定试着联系志愿者曹老师来为小A做咨询。电话联系后，非常顺利，曹老师时间上没有问题，于是本次的预约也顺利完成，赵老师终于可以在咨询预约单上完成全部的信息填写了，详细的记录可以避免场地的冲突，让不同的来访者错开时间，从而使中心工作人员能更好地做好准备工作，为各位来访者提供更好的服务。

作为热线志愿者，赵老师每次值班都会接到许多热线来电，今天这样的求助情况和流程安排她早已经非常熟悉。有时家长还会询问费用问题，毕竟现在不少私营心理咨询机构收费不菲，家长也担心会不会在结束后被索要高额费用，这样的情况赵老师也遇到多次，每次她都会耐心地解释中心的情况和“徐老师”的公益性质，打消家长的顾虑。除此以外，“徐老师”热线还经常会接到来自外区家长和学生的来电，热线志愿者也一样耐心回应，热情相待，在需要时告知他们所在区中心的联系方式，尽管“徐同学”的需求已经让中心满负荷运转，但家长和孩子们的心情“徐老师”们都非常理解，还是尽可能给他们提供帮助。在面询安排中，还有需要协商的是咨询师志愿者的时间。大部分情况下的时间协商都像今天一样，按照志愿者们留下的信息表进行联系，很快就能完成，但偶尔也有意外，比如赵老师也曾遇到有志愿者临时被所在单位委派了任务，无法前来。“徐老师”志愿者们大多在志愿工作以外还要承担不轻的本职工作，“徐老师”充分尊重每位老师的意愿，咨询的效果建立在心与心的联通和交流之上，咨询师和来访者的自发自愿是一个良好开始的重要基础。

附：

一、热线服务流程图

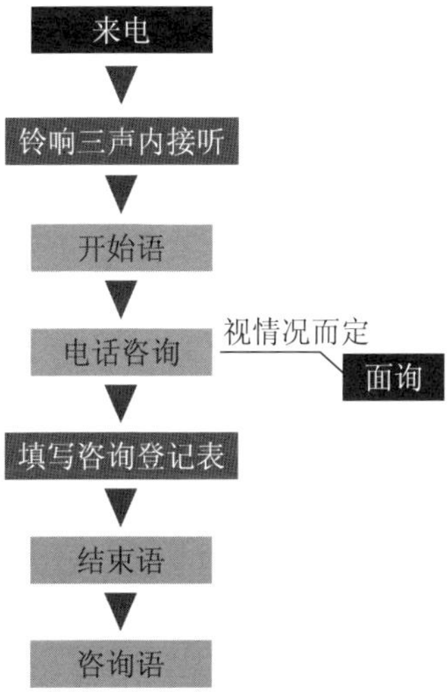

图 5-1 “徐老师热线”服务流程图

二、“徐老师热线”心理咨询电话接待工作规范

咨询热线 021-64642525

“徐老师热线”的任务是为全区未成年人及家长提供免费电

话心理咨询服务。所有热线咨询志愿者在接待工作中要遵守以下规范：

1. 以积极饱满的身心状态进入接待工作。以真心、爱心和责任心对待每一个寻求帮助的未成年人，尊重他们的主体地位，努力给他们以心灵的关怀与指引。

2. 了解自己的能力界限和专业职能的界限。尽可能防止由于自身职业冲突带来的混乱，影响咨询效果。

3. 咨询中努力做到尊重、真诚、同感。注重与指导对象建立平等亲和的关系。充分倾听指导对象声音中的非语言信息，平等、接纳、认真地与指导对象探讨他们的问题，避免主观臆断。

4. 尊重指导对象的自我抉择权。在需要提建议时，应和他们共同商量，而不是以唯一正确的答案出现，避免生硬说教。

5. 保持敏锐的自我觉察。对自己个人的情绪、理念、成长经验等在接待关系中的移入要保持敏感，防止其可能带来的负面影响。

6. 严格遵守保密原则。不得公开指导对象的个人资料，更不得以其作为谈笑资料，不得私自带出或随意引用电话记录资料。

7. 对不适宜通过电话咨询解决的个案，以及个人能力难以解决的个案，应及时转介，对需要紧急危机干预的指导对象，必须及时采取有效措施，启动危机干预方案。

8. 不得利用接待工作与指导对象建立非工作性关系。不得收受他们的礼物，不得将自己的电话号码私自给指导对象。

9. 积极参加辅导中心组织的培训、交流等活动。自觉接受督导和考核，切实提高业务水平和职业素养。

三、“徐老师热线”接听规范用语

1. 开始语

保证在电话响三声内接听电话，按统一要求说开始语，不要说“喂”，请和缓地说：

“你好！这里是徐老师热线

我是徐老师热线的志愿者××，正在听你说话

请你跟我说说好吗？我在听

请问有什么能帮你吗？”

2. 保密机制

在开始的5分钟内，向来电者申明咨询的保密制度：

“除了可能对您自己或他人造成人身伤害外，我们都会保密。”

3. 结束提示

在时间快到，或者来电者的问题讨论已结束时，可以提示：

“我们总结一下这次谈话好吗？

这次谈话我们主要谈了……我们认为可能是比较好的解决方法，是不是这样呢？”

4. 结束语

“你看，我们谈到这里可以吗？

谢谢您使我有机会和您交流！

很高兴能为您服务，如果您有需要，可再次拨打这个电话。”

第二节 “徐老师”心理咨询

中心新址位于徐汇区漕东支路上，闹中取静、交通便捷。中

心内设预约等候室、个体咨询室、团体辅导室、心理宣泄室、心理放松室、心理测评室和沙盘游戏室，整体色调温和平静，自然大方，温馨舒适，使来访者感到放松。在这里每天都有学生和家长预约来访，接受“徐老师”咨询师的帮助和辅导，咨询师志愿者运用心理学的理论原理和方法，对求助的学生进行个别心理辅导与心理咨询，挖掘来访者自身潜能，在此基础上提高来访者解决自身心理行为问题的能力，促进自我教育与自我成长。

根据咨询对象和目标的差异，心理咨询可分为障碍性咨询和发展性咨询两种模式。障碍性心理咨询只为各种有障碍性问题的咨询者提供心理支持干预和援助，咨询过程涉及的障碍问题常常具有较突出的个体性，以个别辅导为主。“徐老师”咨询服务同样包括障碍性心理咨询服务和发展性心理咨询服务两部分。

面向少数的障碍性咨询，转化为面向大多数基于发展性目标的咨询，是现代心理学发展的趋势。中心也积极开展各项“走出去”活动，通过与学校和社区的联动，调动各方对学生心理健康的重视，普及心理保健常识，带给学生帮助、启发和指导，促进学生的发展与社会目标的一致性，找准和选择自己的成才之路。但现阶段，心理辅导与咨询仍是“徐老师”心理健康服务的核心工作，仅就面询工作而言，目前“徐老师”团队所接待的心理咨询仍以障碍性咨询为主，目标在于解决问题，同时在危机干预工作上倾注了大量的精力和心血进行研究和提升，这主要是由“徐老师”团队本身的定位决定的。

目前徐汇区全区所有中小学都按照市级标准建成资质达标的心理辅导室，实现学校心理健康辅导室全覆盖，全区 86 所学校建成 86 个校级心理辅导室，相关工作在上海市名列前茅。基层学校心理辅导室面向的是全体学生，存在障碍性心理问题的仅占较小的比例，更多的是需求发展性心理咨询服务的群体。但从数量上看，心理健康教师相对于学生总数的配比依然有限，在应对学校日常心理教育工作时尚没有较大的困难，但在遇到突发学生危机事件时，心理教师的人员力量就不免捉襟见肘，同时还存在着技能和法律上的双重制约，这时候“徐老师”团队就成为基层辅导室转介困难个案、提供专业力量的坚实后盾。也正因为这个原因，在“徐老师”咨询师面对的学生个案以障碍性问题的求助为主，同时还与学校的活动、学期的节律有相当的关联。

例如开学前、开学初，由于假期的作息与学校的作息有一定差异性，一些学生可能会出现记忆力减退、理解力下降、厌学焦虑、上课走神、情绪不稳定等不适应状况。这种暂时性的心理状态会放大生活中各种问题对身心的负面影响，从而诱发心理问题。期中、期末等重大考试前后也是咨询求助的高发期。在考前，大多数学生会有紧张和感到压力的情况，不少学生还会产生考前焦虑，并恐惧考试。而在考后，当发现成绩不理想或者低于自己或家长的预期时，学生也容易产生失落、悲观、嫉妒等心理失衡的状态。根据统计，在这期间，“徐老师”接待的情绪障碍学生或被咨询师初诊为抑郁症的个案要高于其他月份。相比而言，初中、高中阶段来访者是咨询的主要群体。

另外，社会发展带来的新问题，如学业竞争的进一步加重，二胎政策全面放开带来的家庭格局的改变，也使得一些孩子陷入焦虑无措的状态，如父母处置不当，很可能使孩子陷入自我怀疑、价值感迷失的泥沼。除此以外，还有一些意想不到的意外事件，如丧失至亲、受伤、失恋也可能造成突如其来的心理危机，这些都对“徐老师”咨询师提出了很高的专业要求，这也是中心重视制度建设和培训提升工作的直接原因。多年来，在“徐老师”志愿者和工作同仁的共同努力下，这些求助都得到了积极的回应和帮助。

图 5-2　中心志愿者汪琼在接受专家危机干预案例督导

附：

一、“徐老师”面询工作规范（摘自《“徐老师”工作手册》）

“徐老师”面询的任务是免费为全区未成年人以及家长提供心理咨询，所有面询志愿者在接待工作中要遵守以下规范：

1. 以积极饱满的身心状态进入面询工作。以真心、爱心和责任心对待每一个寻求帮助的未成年人及家长，尊重他们的主体地位，努力给他们以心灵的关怀与指引。

2. 明确自己的角色是心理咨询师。尽可能防止由于自身职业角色冲突带来的混乱，影响咨询效果。

3. 咨询中体现尊重、真诚、同感等基本要素。努力与来访者建立平等尊重亲和的关系，不得利用接待工作与指导对象建立非工作性关系，不得将自己的电话号码私自给指导对象，更不得利用求助学生以及家长的信任谋取私利，尤其不得对异性有非礼言行。

4. 应始终严格遵守保密原则。尊重来访者的个人隐私权，有责任向来访者说明心理咨询工作的保密原则，以及这一原则在应用时的限度。在严格保密的情况下保存咨询工作中的有关信息，在因专业需要进行案例讨论，或采用案例进行教学、科研、写作等工作时，应首先征得中心的同意，并隐去那些可能会据以辨认出来访者的有关信息(在得到来访者的书面许可的情况下可以例外)。

5. 了解自己的能力界限和专业职能的界限。不作超越自己能力和职能范围的事情。应保持敏锐的自我觉察，对自己个人的情绪、理念、成长经验等在接待关系中的移入要保持敏感，防止其可能带来的负面影响。

6. 在工作中发现来访者有危害其自身或危及他人安全的情况时，必须及时采取有效措施并转介。

7. 积极参加辅导中心组织的培训、交流等活动。自觉接受督导和考核，切实提高业务水平和职业素养。

二、“徐老师”志愿者服务规范(摘自《“徐老师”工作手册》)

徐汇区未成年人心理健康辅导中心是为全区未成年人健康成长提供服务的公益性机构，志愿者必须遵守以下工作规范：

第一条

恪守心理咨询工作者和教育工作者的道德规范，应做到热爱祖国，热爱社会主义教育事业，热爱未成年人心理健康辅导工作；熟悉并认真遵守国家《教育法》《未成年人保护法》《妇女儿童权益保护法》等有关法律、法规。

第二条

平等对待并信任来访学生。在与来访学生相互尊重的基础上开展工作。要特别注意尊重来访学生的人格尊严，保护来访学生的正当权益；从促进学生健康发展出发，真诚对待来访学生；接纳对方的各种学习、情感困扰，对他们的需求达到同感的理解；立足于全面发展对方解决问题；尊重来访学生自愿接受服务的权利。

第三条

遵循教育发展的规律向未成年人提供帮助，用未成年人理解的语言，向来访学生解释辅导中心工作的性质和范围，以及来访学生的自身权利，帮助他们正确认识心理咨询的意义。立足于启发来访学生自我认识，自我接纳，自助自强自立，健康成长。

第四条

严格遵守保密原则。保护来访学生的隐私和其他秘密；对有关资料、案例予以保密；只有在专业需要和必须会诊时，才能和其他专业人员讨论来访学生的案例；不得将来访学生的案例作为谈话资料；在研究和写作中需要引用有关资料时，必须隐去可能辨认出来访学生的有关信息；通常情况下，不得向其他人员及家长透露学生的秘密；为保护来访学生安全、防止意外事件发生，需要争取其他人员帮助，必须向有关人员提供来访学生心理咨询资料时,要向能负责、能保密和有权力、有能力解决相应问题的人员提供,同时注意保护来访学生的安全并使他们感到安全,不进一步扩散有关信息。

第五条

保持和来访学生关系的纯洁性。不得与来访学生及其家长建立心理咨询和教育关系以外的任何或其他关系,不得收受来访学生及其家长任何物质和现金馈赠。

第六条

努力建立有利于学生发展的社会支持系统。在帮助来访学生的过程中,积极争取教师、家长的支持配合,在向教师和家长提供资料、建议及分析情况时,要以保护学生、促进学生发展为出发点。

第七条

了解未成年人心理咨询的特征及自身的局限性。在自己的职责和能力范围内开展工作,对自己不能解决的问题,必须及时转介,推荐其他合适的专业人员予以解决,或建议到相关部门接受咨询或治疗;转介时要耐心做好来访学生的工作,不给他们增添心理负担;对来访学生提出的超越自己职责范围的要求,不能予以满足。

第八条

在工作中需要使用心理测验时,必须遵守中国心理学会心理测量专业委员会颁布的《心理测验工作者职业道德准则》,按心理测验的规范进行,不滥用心理测验,科学、客观地使用测验结果。

第九条

注意加强自身的修养,守时守信、乐于奉献,并注意提高自己的心理健康水平。严格按科学态度和专业要求工作，必须接受规范的专业培训，努力钻研有关理论，提高自己的专业能力，探索工作规律；还必须熟悉各种教育策略，了解未成年人的特点和心理状况，有效地开展工作。

第十条

主动接受主管单位的指导、管理和监督，认真参与各类检查、考核。

三、“徐老师”心理咨询师职业道德准则（摘自《“徐老师”工作手册》）

（一）总则

1. 心理咨询师在从事心理咨询与治疗时，应遵纪守法，遵守心理咨询师职业道德准则，在其工作中建立并执行严格的道德标准；

2. 心理咨询师应注意加强自身的修养，不断完善自己，提高自己的心理健康水平；

3. 心理咨询师应不断学习本专业以及咨询服务所需的有关知识，促进自身的专业发展，提高专业服务水平；

4. 心理咨询师应明确了解自己的能力界限和专业职能的界限，不做超越自己能力和职能范围的事情。

（二）对来访者的责任

心理咨询师的工作目的是使来访者从其提供的专业服务中获益。心理咨询师应保障来访者的权利，努力使其得到适当的服务并避免伤害。

1. 心理咨询师不得因为来访者的性别、民族、国籍、宗教信仰、价值观、性取向等任何方面的因素歧视来访者；

2. 心理咨询师在咨询关系建立之前，应使来访者明确了解心理咨询工作的性质、工作特点、收费标准、这一工作可能的局限以及来访者的权利和义务；

3. 心理咨询师在进行心理咨询工作时，应与来访者对咨询目标、方式等问题进行讨论并达成一致意见，必要时(如使用冲击疗法、催眠疗法、长期精神分析等技术)应与来访者达成书面协议；

4. 心理咨询师应明确其工作的目的是促进来访者的成长、自强自立，而并非使来访者在其未来的生活中对心理咨询师产生依赖。

（三）与来访者的关系

心理咨询师应尊重来访者，按照本专业的道德规范与来访者建立良好的治疗关系。

1. 心理咨询师应清楚地认识自己在咨访关系中的职业角色对来访者构成的潜在影响，不得利用来访者对自己的信任或依赖谋取私利；

2. 心理咨询师不得以收受实物、获得劳务服务或其他方式作为其专业服务的回报；

3. 心理咨询师要清楚地了解双重(或多重)关系(例如与来访者发展家庭的、社交的、经济的、商业的或者亲密的个人关系)对专业判断力的不利影响及其伤害寻求专业服务的潜在危险性，避免与来访者发生双重(或多重)关系。在双重(或多重)关系不可避免时，应采取一些专业上的预防措施，例如签署正式的知情同意书、寻求专业督导、做好相关文件的记录等，以确保双重关系(或多重关系)不会损害自己的判断，并不会对来访者造成危害；

4. 心理咨询师不得与当前来访者发生任何形式的性和亲

密关系，也不得给有过性和亲密关系的人做心理咨询。一旦业已建立的专业关系超越了专业界限（如发展了性关系或恋爱关系）应立即终止专业关系并采取适当措施（例如寻求督导、转介等）；

5. 心理咨询师在与某个来访者结束心理咨询关系之后，至少三年内不得与来访者发生任何亲密或性关系。在三年后如果发生此类关系，要仔细考察关系的性质，确保此关系不存在任何给来访者造成伤害的可能，同时要有合法的书面记录备案；

6. 当心理咨询师认为自己不适合对某个来访者进行工作时，应对来访者明确说明，并且应本着对来访者负责的态度将其介绍给另一位合适的专业人员；

7. 心理咨询师应尊重其他专业人员，与相关专业人员建立一种积极合作的工作关系，以提高对来访者的咨询服务水平。

（四）保密原则

心理咨询师应尊重来访者的个人隐私权，无论是在个体治疗或是在集体治疗中都有责任采取适当的措施为来访者保守秘密。

1. 心理咨询师有责任向来访者说明心理咨询工作的保密原则以及这一原则在应用时的限制。在团体咨询时应首先在团体中确立保密原则

2. 心理咨询师应清楚地了解保密原则的应用有其限制。下列情况为保密原则的例外：

（1）心理咨询师发现来访者有伤害自身或伤害他人的严重危险时；

（2）来访者有致命的传染性疾病且可能危及他人时；

（3）未成年人在受到性侵犯或虐待时；

（4）法律规定需要披露时；

3. 在遇到上述中的(1)(2)和(3)的情况时,心理咨询师有向对方合法监护人预警的责任;在遇到(4)的情况时,心理咨询师有遵循法律规定的义务,但须要求法庭及相关人员出示合法的书面要求,并要求法庭及相关人员确保此披露不会对临床专业关系带来直接损害或潜在危害;心理咨询师只有在得到来访者书面同意的情况下,才能对心理咨询过程进行录音、录像或演示;

4. 心理咨询师咨询工作的有关信息(包括个案记录、测验资料、信件、录音、录像和其他资料)均属于专业信息,应在严格保密的情况下进行保存,仅经过授权的心理咨询师可以接触这类资料;

5. 在心理咨询工作中,一旦发现来访者有危害自身和他人的情况,必须启动危机干预方案,防止意外事件发生。如与其他心理咨询师进行磋商,应将有关保密信息的暴露程度限制在最低范围之内。

(五) 知情同意原则

知情同意由三个基本要素组成,即告知、自愿以及能力。告知是指在来访者做出知情同意之前,心理咨询师有义务和责任告知来访者以下情况:咨询的特点、性质、预期疗程、费用、保密范围等,如果来访者在没有被充分告知的情况下做出知情同意,法律上被视为无效同意;自愿是指来访者做出知情同意的过程中,不受外界的利诱或胁迫,其决定是自愿自主的;能力是指来访者作为知情同意的法律主体,应当具有法律所要求的行为能力。

1. 心理咨询师需要在建立咨询关系的初期,向来访者告知咨询的特点、性质、预期疗程、费用、保密的范围等,并为来访者提供充分的机会询问,并且对其问题给予回复;

2. 应与来访者对咨询目标进行讨论并达成一致意见，在使用尚未广泛认可的治疗技术时，心理咨询师需要告知对方有关该咨询技术的发展状况、可能的潜在风险等；

3. 当为来访者提供服务的咨询师正处于接受培训的阶段，而且由其督导承担相关的法律责任时，那么作为知情同意程序的其中一个部分，需要向来访者告知该咨询师正处于培训阶段，并且在其督导监督下进行操作的事实；

4. 任何时候来访者都有权终止咨询或更换咨询师；

5. 如果来访者的确没有法律责任能力做决定，但又必须进行心理咨询时，可以请监护人采用“替代同意”的形式。

（六）关于咨询的中断

咨询的中断是指在咨询期间因咨询师个人原因暂时停止咨询。

1. 心理咨询师在进行心理咨询工作中不得随意中断工作。在心理咨询师出差、休假或临时离开工作地点外出时，要对已经开始的心理咨询工作进行适当的安排；

2. 除非来访者或者第三方付酬人员提出不需要的情况，心理咨询师在中断咨询之前，需要以合适的方式向来访者提供有关其他选择性咨询方式的建议。

（七）关于咨询的终止

咨询的中止是指经过商定，心理咨询师停止向来访者提供咨询服务，和来访者结束咨询关系。

1. 在有迹象表明来访者不再继续需要咨询服务或者后续服务对其没有益处时，心理咨询师可以结束咨询；

2. 如果心理咨询师受到来访者或者其他相关人员的威胁，或者继续治疗可能会危及心理咨询师的安全时，那么心理咨询师可以终止咨询。

（八）关于心理咨询案例资料的保存和处理

心理咨询师须确保案例资料的安全，避免对来访者造成伤害。

1. 来访者的案例资料应存放于安全的地方，案例文件夹应关闭，来访者的名字不应显露在外面；

2. 心理咨询师不应该把咨询记录及草稿随便丢弃在垃圾堆里，而应撕碎或销毁；

3. 如果把处于保密状态的咨询记录输入电脑，应该加用密码或其他保密技术，避免被他人辨认或窃取；

4. 心理咨询师因专业工作需要对心理咨询或治疗的案例进行讨论，或采用案例进行教学、科研、写作等工作时，应隐去那些可能会据此辨认出来访者的有关信息(得到来访者书面许可的情况例外)。

（九）关于心理测评

心理咨询师应正确理解心理测量与评估手段在临床服务工作中的意义和作用，并恰当使用；心理咨询师在使用心理测量与评估过程中应考虑被测量者或被评估者的个人和文化背景；心理咨询师应通过发展和使用恰当的教育、心理和职业测量工具来帮助来访者。

1. 心理测量与评估的目的在于使来访者受益，心理咨询师不得滥用测量或评估手段以牟利；

2. 心理咨询师应在接受过心理测量的相关培训，对某特定测量和评估方法有适当的专业知识和技能之后，方可实施该测量或评估工作；

3. 心理咨询师应尊重来访者对测量与评估结果进行了解

和获得解释的权利，在实施测量或评估之后，应对测量或评估结果给予准确、客观、可以被对方理解的解释，努力避免来访者对测量或评估结果的误解；

4. 心理咨询师在利用某测验或使用测量工具进行记分、解释时，或使用评估技术、访谈或其他测量工具时，须采用已经建立并证实了信度、效度的测量工具。如果没有可靠的信度、效度数据，心理咨询师需要对测验结果及解释的说服力和局限性做出说明，不能仅仅依据心理测量的结果做出心理诊断；

5. 心理咨询师有责任维护心理测验材料（指测验手册、测量工具、协议和测验项目）和其他测量工具的完整性和安全性，不得向非专业人员泄漏相关测验的内容。

（十）关于心理咨询师的职业责任

心理咨询师应遵守国家的法律法规，遵守专业伦理规范；心理咨询师所从事的专业工作应基于科学的研究和发现，在专业界限和个人能力范围之内，以负责任的态度进行工作；心理咨询师应不断更新并发展专业知识、积极参与自我保健的活动，促进个人在生理上、社会适应上和心理上的健康以更好地满足专业责任的需要。

1. 心理咨询师应在自己专业能力范围内，根据自己所接受的教育、培训和督导的经历和工作经验，为不同人群提供适宜而有效的专业服务；

2. 心理咨询师应充分认识到继续教育的意义，在专业工作领域内保持对当前学科和专业信息的了解，保持对所用技能的掌握和对新知识的开放态度；

3. 心理咨询师应保持对于自身职业能力的关注，在必要时采取适当步骤寻求专业督导的帮助。在缺乏专业督导时，应尽量寻求同行的专业帮助；

4. 心理咨询师应关注自我保健，当意识到个人的生理或心理问题可能会对来访者造成伤害时，应寻求督导或其他专业人员的帮助，必要时应限制、中断或终止临床专业服务；

5. 心理咨询师在工作中需要介绍自己情况时，应实事求是地说明自己的资历、学位、专业资格证书等情况，在需要进行广告宣传或描述其服务内容时，应以确切的方式表述其专业资格。心理咨询师不得贬低其他专业人员，不得以虚假、误导、欺瞒的方式对自己或自己的工作部门进行宣传，更不能进行诈骗；

6. 当心理咨询师通过公众媒体(如讲座演示、电台、电视、报纸、印刷物品、网络等)从事专业活动，或以专业身份提供劝导和评论时，应注意自己的言论要基于恰当的专业文献和实践，尊重事实，注意自己的言行应遵循专业伦理规范。

7. 当心理咨询师需要向第三方(例如法庭、保险公司等)报告自己的专业工作时，应采取诚实、客观的态度准确地描述自己的工作；

8. 心理咨询师不得利用专业地位获取私利，如个人或所属家庭成员的利益、性利益、不平等交易财物和服务等。也不得利用心理咨询、教学、培训、督导的关系为自己获取合理报酬之外的私利。

(十一) 关于伦理问题的处理

心理咨询师在专业工作中应遵守有关法律和伦理，努力解决伦理困境，和相关人员进行直接而开放的沟通，在必要时向同行及督导寻求建议或帮助；心理咨询师应将伦理规范整合到日常专业工作之中。

1. 心理咨询师一旦觉察到自己在工作中有失职行为或对职责存在着误解应采取合理的措施加以改正(如转介、寻求督导等);

2. 心理咨询师若发现同行或同事违反了伦理规范,应予以规劝。若规劝无效,应通过适当渠道反映其问题。如果对方违反伦理的行为非常明显,而且已经造成严重危害,或违反伦理的行为无合适的途径解决或根本无法解决,心理咨询师应当向本中心举报以维护行业声誉,保护来访者的权益。如果心理咨询师不能确定某种特定情形或特定行为是否违反伦理规范,可向中心老师寻求建议。

第三节　危机干预工作

心理危机是指个人面对无法应对的应激事件与挫折情况时,产生的一种心理失衡状态。心理危机会引发情绪失控、逃学、旷课、离家出走等事件,严重时会演变成自杀或伤人等伤害性事件。当前因社会环境日趋复杂、学业压力增大等诸多原因,学生心理健康已成为一个日趋严峻的话题。党的十九大提出健康中国战略,要求“培育积极和谐的社会心态,打造社会心理服务体系”,《“健康中国 2030”规划纲要》也指出要着重建设和规范学校心理健康教育服务体系,尤其要注重心理危机应对和干预。学龄期的青少年正处于一生中的关键成长期,这一时期体内的内分泌变化不仅使青少年的身体结构发生明显改变,同时也影响到他们的情感体验和行为方式,生理上的快速发育与心理上的相对滞后使青少年常常处于一种成熟与幼稚并存的矛盾之中,使其在情感反应上更为强烈多变。客观上,学龄青少年必须面对各种压力问题,如学业压力、人际压力、家庭压力和环境适应等,各种综合因素导致这一时期是多种情绪问题产生的脆弱时期,主要表现为抑郁、焦虑、敏感、神经质等情绪问题。一些学者的研究表明,这样的情绪问题不仅可能影响到他们的生长发育,导致心理生物性紊乱,甚至在不能顺利解决的情况下会导致多种不同的心理问题产生,如睡眠障碍、适应障碍、社交和娱乐活动减少、拒绝上学、无意义感、空虚自杀的倾向和行为、物质滥用、甚至导致精神疾病。在此背景下,更好地帮助有严重心理问题的青少年度过心理难关,及早预防、及时疏导、有效干预、快速控制青少年中可能出现的心理危机事件,降低心理危机事件的发生率,减少因心理危机带来的各种伤害,促进青少年健康成长,突破传统心理工作模式,增强危机干预实战能力已是大势所趋,更是现实需要。

“徐老师”用发展的视角看待学生群体,用生存视角关注学生个体,以“一个也不能掉队”的态度努力实现对学生心理健康教育发展性目标和生存性目标的达成和兼顾,积极完善区域学生心理健康三级防护体系,做好全区学生心理健康服务工作。

在具体的学生心理工作实践中,危机干预主要包括以下三个层面的工作:一是宣传普及的预防工作;二是筛选、预判或有针对性的团辅干预活动;三是针对高危学生的直接干预。

一、一级干预:立足教育,重在预防

做学生心理危机干预工作应立足教育,重在预防。“徐老师”通过各项“走出去”活动,走进学校、社区,举办内容丰富的讲座，开展各种心理专题活动，在普及心理保健常识的同时，向学生、家长、教师传递热爱生活、热爱生命、善待人生的积极观念，引导青少年正确认识自我，愉快接纳自我，积极发展自我，树立自信，消除自卑，中心专门编撰了一套面向不同学生、教师及家长的心理健康及危机预防绘本，增强师生关注心理健康、珍惜生命、绽放生命精彩的意识。除此以外，中心还在网络平台上提供丰富的心理健康资源，利用新媒体渠道进一步丰富未成年人心理健康宣传教育形式，包括心理调适方法和技巧介绍、优秀心理影片介绍，以及在历届心理健康活动月中徐汇区各学校精心打造的绘画作品、微视频等资源，将心理健康这一大课题化成小模块渗透到学生的日常生活中；充分关注来自家长和学生在心理健康资讯上的需求，通过热点问题推文和咨询师线上回答等形式及时回应；将各学校、各社区心理辅导室举办的各项心理健康活动反馈给公众，扩大心理健康活动的影响力和受众面。丰富宣传教育途径，有效缓解家长焦虑情绪。

在“正能量”之余，中心也不惧直面“危机”话题，印制了一套危机干预相关知识的折页，对学生进行危机应对教育，让学生了解什么是危机，人们什么情况下会出现危机，同学们的哪些言行是出现危机的前兆，对出现危机预兆的同学如何进行帮助和干预。既提倡自我保护，也呼吁关爱他人。

二、二级干预：早期预警，快速反应

在学生危机的处理当中，时间是关键，这是因为作为未成年人，中小学生的社会阅历和心理承受能力不及成人，当遇到的困难和境遇超出了自己的应付能力之时，内心平衡被破坏，就可能引发危机和极端表现。做好学生心理危机早期预警工作，应做到对学生的心理状况变化早发现、早通报、早评估、早治疗，信息畅通，快速反应，力争将学生心理危机的发生消除在萌芽状态。这是应对危机的前提。

中心2011年建成后就开通了热线电话，2016年升级为24小时热线，全年无休，有专业资质的热线志愿者全天候在线。结合“汇心”微信平台具备的一键呼叫咨询热线及预约面询功能，确保徐汇区青少年和家长、教师们在任何有需要的时候都能通过拨打热线，进行免费电话咨询或预约面对面心理咨询。热线和平台的联系方式通过学校层面通知到位，保证徐汇区在校学生的百分之百知晓率。除了学生和家长自主拨打求助热线这一途径外，当学校心理教师在工作中发现有学生心理问题恶化或新发现有严重心理问题的学生，也应将该生的情况迅速以电话的形式上报，并将相关信息在24小时内以书面形式向中心报告。“徐老师”志愿者在接待热线或面询来访学生时，如发现学生有严重心理问题或潜在危机时，同样也应该即时上报，中心由此可以迅速启动三级干预程序，对发出危机求救的学生或监护人进行紧急心理援助，然后向有关部门汇报。多部门携手，确保在第一时间救护生命。运行至今，中心已成功干预百余起危机干预个案，避免了多起紧急事态的发展。

另外，根据多年的经验，“徐老师”团队所接到的危机求助，大多数来自学校心理辅导室转介，这就意味着学校心理辅导室工作人员根据专业知识对学生心理状况进行预判的重要性。为解决学校心理教师及学生工作负责人在应对学校解决学生心理危机时的难题，提升危机干预科普、高危人群筛查和指导、特定人群评估和转介技术等，中心紧跟时代步伐，根据多年咨询实战经验，拍摄、制作、推广了一套《危机干预在线教程》。教程内容为中心与上海市精神卫生中心合作，邀请专业软件公司制作，摒弃了由老师讲课的单向灌输型教学，而采用互动反馈式的教学模式，内容布局和发展逻辑完全根据心理工作实景来设计，使学习者完全进入一个实态模拟环境中，边实践边学习。学校心理健康教师和其他心理从业人员可以先根据自己日常工作的经验对课程软件中预设的学生求助场景进行判断和工作方式选择，如果选择了不当的处理方式，软件依然会根据预设内容情境逐步向下发展，直到参与测试的老师或工作人员发现其中的学生角色产生了阻抗，放弃寻求帮助，甚至加重了情绪问题，进而切身认识到在处理过程中选择的方法的不当。而后期软件也会进行反馈，对错误的环节进行提示和科普，从而帮助测试者加强理解。软件初期完成后，中心组织班主任等一线工作人员学习在线教程，并进行对比评估，事实证明教学效果显著。而后期课程也将很快投放线上，方便全市心理健康教师和相关从业人员提高危机识别和干预能力，明确职业角色，提升学校教育工作者作为学生心理危机第一道保护屏障的作用能级。

(1)　(2)　(3)

图 5-3 《危机干预在线教程》部分场景和人物设定

三、三级干预:紧急干预,医教结合

建立一支专业水平高、业务素质强的危机预防和干预应对队伍,对于强化学生心理健康教育工作,保障未成年人生命安全,具有非常重要的意义。2019 年 12 月 16 日,中心未成年人心理危机干预中心组成立,他们可算得上是“徐老师”团队的“攻坚小组”。这支危机干预小组成员都是“徐老师”团队当中的热心成员,他们响应中心的招募,自愿报名递交申请。经选拔,24 名志愿者组成了危机干预小组的第一期成员,他们中有教研员,有心理老师,有社区心理工作者,有自由职业者,不仅专业资质优异,同时具备高尚的奉献精神。中心还同时成立了危机干预领导小组和专家网络,专家网络邀请精神卫生中心医学专家加入,可以在对个案处理的方案进行组会时及时给予医学方面的建议。干预机制连接内外,掌握紧急处理的原则和策略,提高中心的反应速度,最大限度化解风险。

第四节 “1＋4＋13＋X”——基层心理辅导室的共建

关心、帮助未成年人健康快乐成长,是一项社会系统工程,需要全社会的共同努力。2012 年 2 月,徐汇区下发徐未委办〔2012〕1 号文件《关于加强徐汇区未成年人心理健康辅导工作的实施意见》,明确构建以中心为“一体”,社区心理健康辅导室与学校心理健康辅导室为“两翼”的“一体两翼”心理健康教育服务体系,积极推进各街镇和中小学未成年人心理健康辅导室的全覆盖建设。截至 2014 年底,全区 85 所中小学和 13 个社区全

部建成心理健康辅导室，并通过中心进行统一归口管理，包括：评估、建议、验收，并由中心统一授牌认证。2011 年，中心在南洋中学设立分中心，方便学生就近接受服务；2017 年 3 月，又在汇师小学、徐教院附中、徐职高 3 所徐汇区心理健康示范校设立了 3 个分中心，涵盖了小学、初中、高中和职业高中各个学段。至此“1＋4＋13＋X”模式建成，1 即为中心，4 为四所分中心，13 为全区 13 个街镇成立的社区心理辅导室，x 为全区中小学设置的学校心理辅导室（现有 86 所），纵向到底，横向到边。

徐汇区未成年人心理健康辅导中心，作为未成年人心理健康服务的载体与平台，通过建立相对完善的志愿服务机制，吸引和汇聚了分散在全市各领域的服务资源，整合了政府、学校、社会、医院、社区等领域中的多种力量，为未成年人提供心理健康服务，初步显现了其心理健康供求对接平台、资源枢纽、服务中心的资源整合价值。在徐汇未成年人心理健康辅导体系中，中心并不是独立的个体，而是通过构筑“一体两翼”的网络体系，发挥整合、培训、指导、评估基层辅导室的功能，把心理健康服务输送到未成年人集中学习和生活的地方，让每个未成年人都能够公平地获取和享用。中心在区内未成年人心理健康工作中承担着承上启下的重要作用：对上，它需要接受教育局、文明办和社区学院的共同领导，通过对精神文明建设、教育和社区等最新工作的了解，调整和把握在下一阶段整体工作中的功能定位；对基层心理辅导室，中心通过评估推动学校和社区心理辅导室的建设和工作规范，鼓励各心理辅导室根据所属学校或社区的情况探索适合自己的发展模式，逐步形成自有的工作特色。

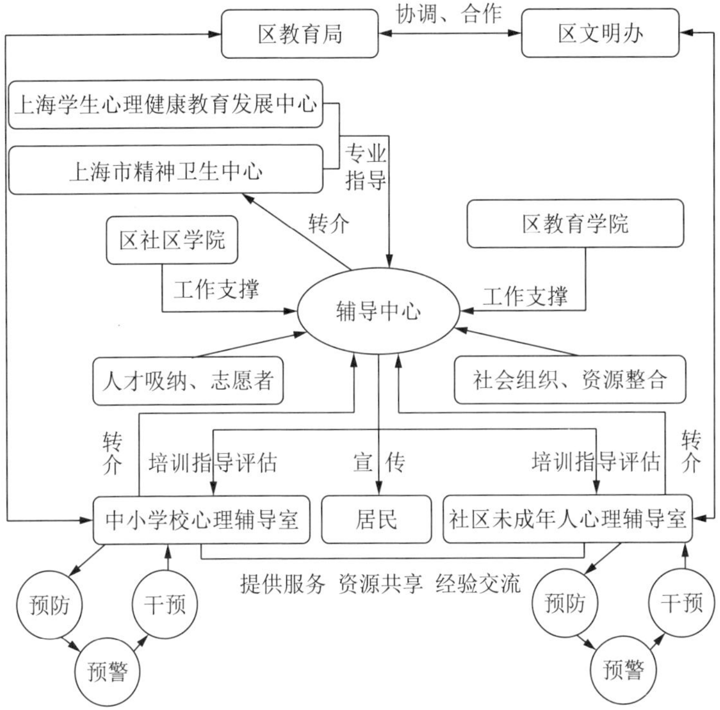

图 5-4 中心“一体两翼”运行模式示意图

在建设标准上，中心起草制定、教育局下发徐未委办〔2013〕12 号文《徐汇区关于推进中小学校、职校心理健康辅导室建设的通知》，出台《徐汇区心理健康教育三年行动计划》，从课程建设、教师梯队建设、支持系统建设、保障机制等方面明确区域内学校心理健康教育工作方向。学校心理健康辅导室主要由区教育局承担行政推进工作，各学校设分管校长。社区心理辅导室则按未成年人思想道德建设工作测评体系要求，由区文明办牵头，整合总工会、妇联、卫生局等部门开展相关工作，各街镇负责其日常管理。

具体而言，基层心理辅导室的建设主要可以分为硬件建设和软件建设两个部分。

一、硬件建设

硬件建设包括场地建设、环境要求、基础设施等。学校心理辅导室建设标准与规范主要依据教育部印发的《中小学心理辅导室建设指南》和上海市教委印发的《上海市中小学和中等职业学校心理辅导室装备指导意见（试行）》的标准。社区心理辅导室标准则在学校辅导室建设标准基础上根据徐汇区社区实际情况的调研结果进行调整，要求保障专用场地，不与其他功能室共享用地，根据各辅导室所属社区的实际情况，设置个体心理辅导区、团体心理辅导区、办公室、测评区、阅览区等功能区域，有些区域可以兼容。

二、软件建设

软件建设包括心理辅导室工作人员、心理辅导室岗位规章制度、心理辅导室档案管理制度，以及心理辅导所需要的相关软件。

首先，各基层心理辅导室必须有专职工作人员在岗。对于学校心理辅导室，教育行政部门明确规定按师生比配备专兼职心理辅导教师，完中或九年一贯制学校还需分学段配备心理辅导教师，对他们的任职资格和培训经历也有相应要求，按照教育部门的统一规定，认可的上岗证书包括国家二级心理咨询师证书和上海市学校心理咨询师中级证书以上。因此学校心理辅导室工作人员主要由心理教师、学生工作负责领导和其他兼职工作人员组成，他们可以有效整合学校和家庭资源，充分利用学校、家庭各方面的心理支持力量，提高心理辅导效率，增强心理辅导效果。如利用学校的家校沟通机制进行家校联动，通过家长委员会等对一些发展性、预防性心理活动进行宣传和普及。而社区心理辅导室则可充分利用社区资源，通过组织咨询师志愿者或聘请兼职心理咨询师来保证辅导室的正常开放和运作，并聘请社区服务工作者、心理辅导志愿者来促进辅导室功能的多样化发展。这些实际接待心理咨询的工作人员同样也必须有相应资质。除了符合上岗专业资质以外，所有基层心理辅导室的工作人员还需保证每年接受规定学时的专业培训或学术会议，定期接受专业督导。

其次，相关制度文件和工作软件必须到位。如咨询师的职业规章制度、工作规程、咨询程序、职业道德和伦理规范等，以及具体心理辅导的预约、咨询、反馈、追踪调查等规则，明确心理辅导室的服务群体、开放时间以及工作人员每周需进行心理辅导的时数。另外，心理辅导工作中产生的各类档案资料，如面谈记录、热线咨询记录、心理危机干预记录与家长沟通记录等也要有明确的规章制度加以规范。各心理辅导室也需要配备符合各学校、社区学生情况的科学心理测评软件。

在基层心理辅导室的具体建设过程中，中心重点承担业务指导及评估考核职责。中心本着“以评促建”的方针，通过评估推动学校、社区心理辅导室的建设。在上海市中小学心理健康教育达标校评估和示范校推荐工作中，中心承担了徐汇区的具体的组织落实工作，并以此为抓手落实和保障学校心理辅导室的建设。中心开展全区中小学心理健康辅导室调研，形成报告上报教育局，为教育局出台政策提供依据和建议。教育局投入千万元资金，培训具备专业资质的心理教师，完成了对所有公办中小学心理辅导室的标准化配置，并对示范校进行发展性配置，配齐配全，确保徐汇区100%中小学通过评审成为上海市中小学心理健康教育达标校，通过率位居全市前列。同时定期召开全区未成年人心理健康教育推进会，总结交流我区各中小学学校心理健康辅导工作经验。教育局将学校的心理健康教育工作纳入绩效评估重要指标。中心每年精心策划，指导区内学校围绕上海市学生心理健康教育发展中心组办的心理月开展各项活动，区内多所学校分获各类奖项，通过组织活动和鼓励参与，提升学校心理辅导室的影响辐射力。对于社区心理辅导室，中心通过前期调研结果，统一制定并下发辅导室的基本工作原则、职业规范和道德准则等工作流程和规范，形成月报及例会制度。形成归口部署、联合推进、成果共享的管理模式，以不断推进、完善辅导室各项工作，切实发挥社区辅导室在周末、假期的功能作用。中心通过培训、月报、实地走访、考评、召开现场会等途径及时了解、指导和促进各街镇工作开展情况，并就街镇依托既有条件，在工作中有效整合资源、科学筹划、因地制宜地打造自身品牌亮点提出建议。在具体志愿人员的分配上，尽管有部分人员上的重复，但“徐老师”团队和学校心理辅导室教师、社区心理辅导室志愿者三支队伍则是一种平行关系，中心仅担负纵向主导和横向协同的作用。在纵向上，中心的统筹性能够有效地整合区内各心理辅导室的志愿资源，并在大局观、整体观的基础上，最短时间内完成志愿服务的体制架构和资源配置；在横向上，作为基层的心理辅导室，无论是学校还是社区心理辅导室，相较中心都拥有更及时调用来访者背景资料的便捷性和协同来访者社会支持力量的应变性；一方面，它们拓展了“徐老师”团队的功能和领域，另一方面，它们可以通过申请，极为便捷地获得配送心理服务资源，并在遇到危机案例或辅导室咨询师难以解决的复杂案例时可以向中心求助将案主转介入中心。根据文件精神中心负有归口管理的职责，但更多的时候双方是一种相互支持的关系。在这一框架下中心实施“请进来”和“走出去”相结合的战略，采用电话接访、面询服务、专题讲座、暑托班合作等方式，按需接访和配送了大量的心理咨询服务，扩大了惠及面。而各基层心理辅导站通过与中心的融通和对接，也实现了功能的完整化，依托中心平台，获取多条服务渠道，进一步广泛扎实地开展工作，这也意味着中心的心理咨询服务从中心自组建的“徐老师”团队延伸到了学校和社区的基层心理辅导站，各项工作得以进一步深化。

图 5-5 专家和领导对“中心一体两翼运行机制”进行研讨

第六章

志愿服务走出去

第一节　走出去靠近你

人是一种现实、感性的存在，许多心理问题产生于人与现实环境的适应过程中。人的心理并不是个体的一个封闭系统，而是个体与环境相互作用的开放系统，心理健康也不是一种静止的状态，而是一种动态平衡的发展过程，是主体与环境相互作用的结果。心理问题的产生，有时并没有特别明确的前与后的严格界限，在达到可以判定为“心理问题”的程度以前，不良的心态和自动式思维很可能早就存在，这是一个持续的逐渐严重化的发展过程。想要使心理辅导真正起到现实的针对性作用，无论是从理解还是解决问题的角度，都要我们走出咨询室，走出单独的个体的问题，回归学生的生活世界，以此为起点重新出发。皮亚杰认为，人的心理既不来源于独立于某一主体之外的客体，也不来源于客体之外的某一主体，它来源于主体与客体之间不能分离的相互作用，来源于机体与环境之间的相互作用，换句话说心理健康情况决定于人与环境的匹配程度，并且随着周围环境和生活方式的变化而变动。

著名哲学家和心理学家杜威曾经指出："准备生活的唯一途径就是进行社会生活，离开了任何现存的社会情景，要培养对社会有益的和有用的习惯，是不折不扣地在岸上通过做动作教儿童游泳。"如果总是只抓住所谓的具体问题，而不关注问题的源头和它们的终极解决目标，那心理咨询就很可能仅对那些内在功能完好的来访者效果明显，但那些在适应不良中形成心理问题的来访学生就可能难以获得真正的成长，咨询仅能做到被动地在问题发生后介入。在咨询室中我们接触到的只是他们生活中的片段——那些出现了问题的结果，咨询师只能从这一系列生活碎片中尽力拼凑出自己的理解，再按照较为机械的方式将这些情况划归为情绪问题、同伴交往问题、亲子关系问题、网络沉迷问题，这样的流程我们可以理解为是按照问题逻辑来进行的。但人的体验、人的品质与环境和社会背景是分不开的，也是在环境中得到体现的。人的心理不是一个封闭的世界，心理的发展不是一个孤立的内部过程，而是个体和外部环境交互影响的结果，心理问题的症结常常产生于个性特征与外在环境之间不匹配和不融洽的过程，社会心理环境对学生的心理健康起着潜移默化的作用，而在未成年人成长的过程中，家庭、学校和社会是对他们影响最大的环境系统。

基于此，对未成年人心理健康的关爱和帮助就不能仅限于在心理问题发生后的辅导和干预，而应该主动走进学校和家庭，通过构建学校和家庭的心理服务软环境，唤起对心理健康的关注和群体间的相互关爱及理解，从而动员各种社会资源和人际资源为潜在的来访者提供充分的社会支持，进而实现未成年人心理内在环境持久的改善，达成对社会的良好适应。良好的心理环境是对学生进行心理教育的隐性课程，在大多数情况下，心理辅导倾向于帮助个体改变自身来适应社会，适应的能力亦被视为个人成长的一部分。但若情况允许，心理中心也希冀能够通过努力去建设一个平等、共感、真诚、接纳与积极关注，尊重与温暖的结构情境，从而达到潜移默化、春风化雨的效果，整体性地去影响他们的心理环境。可以这样理解，心理咨询和辅导介入点是“个人”，通过改善学生的心理问题，触发他们自我成长和改变去主动适应社会；而心理活动则旨在改变“环境”，希望通过改变学生生活的周围环境，从而整体性地改善他们的个体境遇，使心理健康教育回归到育人的本质上。

图 6-1　中心进校活动和宣传

对学生而言，关系最密切的社会环境有校园文化、同伴关系以及家庭氛围等。尽管有社区和学校的心理咨询室共建，但它们各有其所长，对于未成年人工作而言均有不可取代的重要意义，却又各有局限，因此可以和心理中心的心理咨询工作达成很好的互补。心理健康教育是学校教育中不可或缺的重要组成部分，但学校工作的模式和学校心理咨询师身份的多重性又常常使学校心理咨询工作缺少相对的独立性。在学校心理咨询当中，心理教师既要负责教学又要充当咨询师，往往还在工作中承担着多项职责，这在实际工作中有积极的影响，也有消极的影响。对于教师来说，他有更多的途径去了解学生的日常状况，如果在工作中与学生有实际的接触，就更容易在咨询开始时根据自己所了解的情况创造话题来打开僵局。但另一方面，身兼多种不同角色也使得他们在处理与来访学生的关系中常常面临一定的困扰。作为咨询师要建立起和来访者的信任关系，就要尽量保证咨访关系的纯粹性。教师的角色决定了心理老师需要负起管理和教育的责任，在实际工作当中也有意无意地会站在学校和教师的立场上认识和思考问题，很难做到完全设身处地地只考虑来访学生的利益。

对于求助的学生来说，积极的一面是学生往往在实际求助之前就能通过各种途径对于心理教师本人有一定的了解，甚至还比较熟悉，这种情况下他们更容易和心理老师建立初步的咨访关系。但从消极的另一面来说，学校心理资源相对有限，绝大多数学校一个学段仅有一位心理教师，学生没有多少选择的余地。更重要的是咨询关系本身应该是建立在平等的基础上的，但出于尊师重道的传统文化影响，以及学生对老师天然的敬畏之心，老师对于学生天然有一种权利优势，使得学校中的心理咨询很难在咨访关系上做到纯粹的助人和求助的关系，学生对于暴露自己的心理隐私会有更多的顾虑，尤其和在校同伴关系、师生关系相联系的心理问题更是难以做到敞开心扉，使得心理咨询常常只能在浅层次上运作，甚至影响心理教师在学生心理问题中的判断。

因此，心理中心将未成年人心理健康工作分成了日常工作和特殊活动两部分。日常工作主要指在中心内部提供的未成年人心理咨询服务，特殊的活动主要指中心每学期举办的“家有考生”大型讲座咨询活动、学生团体心理辅导、心理咨询进社区、社区“汇心成长坊”暑期学校等大型活动，这些活动历经数年的探索和改良，逐步实现了常态化和品牌化，在数量和质量上都有稳定的保证，知名度也渐趋提升，发展至今它们已经成为和中心心理咨询等量齐观的一项重要工作。这其中大多数活动最初是由需求发起，灵感带动，没有作业可以抄，只能在以往的经验教训中加以创造性的变通，使之更适合于徐汇教育的实际情境，心理中心也经历了漫长的摸着石头过河的过程，为此也对自己的工作模式做出了很多积极的探索和改变。

例如，志愿者团队工作的加强和细化，包括志愿者个人情况的登入，如可提供服务的时间、擅长的知识领域、擅长的学段以及擅长的心理辅导技能（如团体辅导、讲座指导等），这些信息为中心后续开展的活动提供一个现成的人才库。另外，心理中心将“徐老师”志愿者和基层心理辅导室工作人员培训与心理健康教科研结合为一体，实施培训工作双轨制，提升了时效性和互动性，选取和一线心理工作息息相关的主题作为讲座内容，让区内不同心理咨询室的成员都能在未成年人心理工作上达到齐步的认识，深刻体会心理工作发展人、提升人、完善人的实质，了解未成年人的心理特征和常用的工作方式，在心理咨询的理念、目标、态度、内容和方法上贯穿人文关怀的理念，着力打造一支百

图 6-2　“徐老师”志愿者和基层心理辅导室工作人员培训

余名懂理论、能操作、德才兼备、业务精湛的咨询师志愿者。

在活动方面，为保证活动质量，心理中心往往要在活动举行前一个月就开始做耐心细致的准备。这些工作包括与协办单位的反复协调和充分沟通，明确活动包括细节在内的所有需求，在志愿者团体中开展特定活动的工作人员招募，告知志愿者活动具体情况和要求，双向选择完成特定活动的志愿者人员安排，在内部对已招募的志愿者的工作进行划分和协调，为志愿者安排合适的时间和合适的岗位，明确每位志愿者负责的活动先期准备工作；并制定提醒和监控的时间点，确保准备活动按时按计划的完成。

在活动进行期间，在一个具体的活动中可以将过程分为三个部分：活动前、活动中、活动后。在活动当天，工作人员提前到场，完成和承办方对当天工作环境和条件的最后检查，并在志愿者进场后，和志愿者一起做好工作准备工作，并对“徐老师”的其他工作和活动进行宣传；在活动进行时，随时协调志愿者工作的需求和碰到的问题，并在活动结束后完成收尾工作。活动后，和承办方共同收集参与的学生和家长对活动的意见和建议，整理其中一些富有建设性的建议，为下一次活动更好的举办做参考。

多年来，心理中心协调医院、学校、社会心理辅导机构，并整合专家资源及服务资源，建立心理辅导网络体系，在体系内实现了资源的交换和共享。创新发展了一套多维立体的综合心理辅导模式，将医学模式、社会模式、教育模式与心理学模式融为一体，多方式进行，多主体参与，多环节渗透，全方位多维度地对学生实施心理健康教育，并将心理咨询渗透到区内与未成年人工作相关的各个层面，将未成年人的深切关爱渗透在工作的全过程，得到了来自学生、家长、学校和社区的广泛好评和一致肯定。

图 6-3　在“徐老师”进校活动中家长踊跃咨询

第二节　走进学校

健康人格的培养是学生成长和成才的必要条件，而学校的生活是学生心灵成长的土壤。作为学生成长的重要环境，学校对学生积极人格品质的形成有着不可替代的作用，教育是培养人的活动，积极正向的学校文化和氛围会反映在学校所有的教育环节中，积极的校规校训、健康的校园舆论、优良的校园风气、宽松温暖的集体氛围，都是健康的学校心理环境不可或缺的要素。而学生能否适应学校的学习环境，对于他们的学业成就和生活质量有着重大的影响。未成年人在人生发展的过程中具有安全、归属、掌控、尊重、爱、自我实现、人生价值等方面的心理需要，当学生的周围环境和身边的每一个人，如教师、同学和朋友都对他提供积极的支持时，他就会感受到自己被尊重、被接纳，从而有更大的可能健康成长和达到自我实现的目标。这些品质的培养是通过日常的学习和生活潜移默化的影响下实现的。

一、学校基础心理辅导环境建设

在上海市中小学心理健康教育达标校评估和示范校推荐工作中，心理中心承担了徐汇区具体的组织落实工作，通过评估推动学校心理辅导室的建设和工作规范。除了场地、人员等硬件条件的到位以外，还有几项与未成年学生心理健康息息相关的工作内容是心理中心着力强调的：

首先是心理课程的开展情况。学校心理咨询师有两项重要任务，一是帮助和辅导部分学生应对他们面临的心理问题，二是关注普通学生的发展性需求，从而使所有学生都生活得更快乐。这两项任务应当平衡发展，即在辅导心理问题的同时，也培养建构学生的心理品质，二者可以相辅相成。学校心理课程一般以活动课程教学作为心理辅导的主要形式，通过活动学生可以对生活中遇到的各种问题进行一种预演式的学习，从而对人在压力或应激状态下可能遇到的种种心理反应有提前性的认知，帮助他们掌握应对日常心理问题的自我管理和自我疏导的能力，成为自己学习和发展的主人。使他们在遇到困难情境时不至于措手不及或感到孤立无援，而是可以运用一些心理学的理论方法，解决他们在情感、学习等方面遇到的问题，并为后续的求助扫除芥蒂。在落实学校课程开展的基础上，心理中心也逐步建立内容丰富、形式多样的心理健康教育资源库，构建区本、学区、学校三级教育机制，逐年推进完善市统一课程、探索形成区本课程、开发共享校本课程。通过实践、总结、提炼和共享，积累形成未成年人心理健康教育系列培训手册、个别咨询案例集、教学参考资源、宣传普及资源等共享资源，为学校心理健康课的开展做好辅助工作。

另一项工作是学生档案的建立。人是过去经验和现实自我的整合体，我们不可能忽视一个人的过去来构建对一个人的总体认识。心理档案采用记录兴趣、人格特征的描述及相关量表测量结果，内容包括学业成绩、健康状况、家庭背景、社会实践经历等信息。为每一位在校生建立心理健康档案，不仅可以为学校教师针对学生个体差异进行因材施教提供科学依据，为学校提炼不同年龄阶段不同生源地学生群体的心理特点，不断调整和改善教育举措提供样本，在平时能帮助学校心理工作人员及时发现一些生活中面临应激的学生，如家庭贫困、父母分居或离异、单亲抚养、身体缺陷、遭受虐待、学业不良、失去亲人或好友等情况，及时疏导和帮助他们应对生活的变化；确保在个别学生出现危机情况需要帮助时（无论是求助于学校心理咨询室或"徐老师"团队），都能有渠道获得他们过往性的心理信息，达成对学生心理问题的立体性了解，包括他们可能经历的困境，以及可能的支持性因素，如自尊、自我效能、适应性、责任感、智商、社会能力、问题解决能力、人际沟通能力等，唯有"摸清病因"，才有可能对症下药。

二、学校心理健康辅导活动月：以活动为抓手

心理中心每年精心策划，积极动员并指导全区各类学校有序开展心理健康活动月的各项工作。鼓励学校发挥自主性和创新性，打造不同主题和形式的全校性活动，通过开展各类丰富多彩的活动，培养学生自立自信开朗的人格品质和热爱生活乐观向上的生活态度，形成课上课下结合、校内校外配合的开放式活动体系。并在此基础上，逐步形成富有每个学校特色的稳定和独立的心理健康教育模式，成为校园文化风尚的组成部分。在这些活动中产生了许多优秀的获奖作品，它们专业性强，用积极正向的态度提出生活和学习中的问题，并尝试运用心理学知识进行有效解决，给人以启迪，具有丰富的现实意义。心理中心在评选和总结的基础上采选优秀作品进行表彰，将获奖作品汇编成册，印制海报发放到各中小学、中职校和社区心理辅导室，通过"汇心"公众号进行推送，既起到广泛宣传心理健康知识的作用，也让活动参与者更有成就感，让活动的效益可以延续、放大。

“心理月”作为市级年度大型活动，心理中心每年都会付出相当的精力操作活动过程中的各项事宜，其主旨不在评选本身，选拔仅是手段而不是目的，以优胜鼓励优秀，归根结底是要引起各方对学生心理健康问题的关注。

心理中心通过活动月的评选，并以此为抓手，旨在提升学校基层心理健康辅导室的教育地位，并普及这样一种观念：心理健康教育与学科教育并不冲突，学生心理素质的培养和提高是教育的重要内容，学生各种素质的形成均以心理素质作为中介，心理素质的提高可以极大促进学生其他方面素质的提高。反过来，只有与整个教育系统有机地结合起来，才能使心理辅导真正有效开展，心理健康教育绝不仅是在咨询室里的工作，它需要纳入学校整体的教育教学工作中。

三、毕业班等特殊节点学生心理辅导大型活动

除了组织和承办各项活动鼓励学校的参与，心理中心还充分统筹“徐老师”志愿者团队的专业资源和服务资源，并通过与学校的精准对接，根据学校的需求和能力，以服务配送，活动合办等方式开展多项富有成效的活动。典型的案例如“心理助力，从容应考”活动（以下简称“考前辅导活动”）是由心理中心主办，基层学校协办的针对学生考前焦虑和其他学习心理辅导的大型活动，至今已成功举办了 10 届，成为了心理中心的重点品牌项目。在活动前期会有广泛的宣传，学生和家长可以通过微信公众号平台、电子邮件、团体（主要是协办学校的师生，其他学校通过心理教师进行团体报名）等方式进行报名参与。考前辅导活动通常由三个环节组成：专家讲座、团体心理辅导和大型现场咨

询。根据承办学校情况和之前的需求调研做内容和时间上的调整，充分关切和呼应家长的需求，整合社会各方资源，广开社会育人渠道，以与中国中学共同举办的“了解自己，发现自我——开发学习潜能”活动为例，活动分为三部分、两阶段，家长和学生在不同的教室区域分别进行专家讲座学习和团体辅导活动，并在活动结束后自主选择进行心理辅导现场咨询，六位优秀的“徐老师”团队成员竭诚为区内各学校的学生和家长提供专业的服务，吸引了众多家长和学生上前咨询，现场人潮涌动，气氛热烈，家长们还能在现场取得印有中心咨询开放时间、热线号码、公众号二维码等信息的宣传折页，为有需要进一步求助的学生和家长提供方便。

图 6-4　中心邀请全国特级教师冯永熙老师为学生和家长做考前心理辅导讲座

四、进校团体心理辅导活动

由“徐老师”志愿者所组织和开展的进校团体心理辅导活动常和考前辅导搭伴进行，主要是考虑到参与的学生和家长以及承办学校的方便，但它同时也是“徐老师”志愿服务“走出去”的一个独立的重要项目。这种独特的心理辅导方式具有针对性强、灵活性大、创造性要求高的特点，同时具备发展性与教育性，活动会根据有同类困扰或诉求的小群体的不同情况灵活地确定内容，通过组织适合不同阶段学生的多元化的心理活动，鼓励学生主动参与，以达到发挥学生自我潜能完善个人人格的主要目标。发展性心理辅导的观点认为，每个人都有理性善良和值得信任的一面，每个人也都有潜能，都有接受辅导的需要，特别是成长中的儿童和青少年，需要有人帮助他们顺利度过各个发展阶段，完成各种发展任务。而团体心理辅导活动正是以部分具

图 6-5　中心邀请市教科院专家王枫老师为学生进行团体心理辅导

有同质类问题的学生为对象，从特定年龄阶段学生所面临的主要心理问题和人生发展课题入手，选择一些较为典型的情景、事件和问题，作为活动开展的主题和素材，通过学生自主的探索来获得体验与思考。活动常常以控制人数的小团体为主，辅导老师可以关注到每一位学生在活动进程中表达出的态度和想法，在一种现实情境中直接参与并指导学生的某个心理过程，同质群体之间也可以相互启发、诱导和帮助，形成共识和目标，帮助学生合理地宣泄情绪，矫正认知和行为，恢复他们的自信，在积极的人际互动中激发学生的自主探索，启发学生自己去做理性的选择和决定。

第三节　走进社区

心理服务的介入点常在“个人”，但心理问题产生于人环系统，要想对心理问题有更准确的评估从而更好地帮助来访未成年人，就应该摆脱个体心理学的观点，超越个人层面来理解心理问题，衡量环境对人的影响，将焦点放在人与环境的互动和适应之上。人的心理产生于人的活动，它是主客体以活动为中介的双向建构过程，心理健康不是一种静止的状态，而是一种发展中的动态平衡，这决定了心理辅导难一蹴而就，它是一个持续的不间断的过程，健康与不健康之间没有一条非此即彼的严格界限，在它们的交接处是一片广泛的灰色地带。抑郁、焦虑等情绪体验在健康人身上也有可能存在，只是达到了一定程度影响到人们的正常生活时才需要将其界定为异常心理并接受辅导或治疗，而唯有走进人们的生活区域，在生活的真实背景和社会系统中来理解和帮助人，才能获得对来访的学生和家长综合的、整体的生活感性的体验和立体的认识，心理工作也才有可能在问题成型之前介入，治病于未病之前。

一、社区开放式现场咨询

除了落实和完善社区心理健康辅导室的共建，规范社区心理健康教育工作，心理中心还积极参与徐汇区教育局组织全区各街镇开展的“基础教育进社区”项目。该项目通过为社区居民提供中小学入学和幼儿园入园的政策咨询、学习方法辅导、心理健康辅导等方面服务，努力实现“立足街镇、服务民生、惠及民众”的终身教育发展目标。多年来，“徐老师”团队以“立足街镇、服务民生、惠及民众”的终身教育发展目标为指引，积极继续发挥专业所长，分批深入13个社区为居民就家庭教育、亲子沟通、学习方法和缓解升学压力等方面提供专业的现场开放式心理咨询服务。将心理健康工作辐射到每一个街镇，切实惠及徐汇居民。

这是一种独特的心理咨询工作新模式，不同于一般意义上一对一的心理咨询模式，首先是现场咨询往往不具太多的私密性，前来直接求助的家长也会选择较为浅层而概括的主题，且主要集中于学习心理方面的包含较少隐私内容的话题。因为咨询现场常常会有众多其他家长旁听，这其中有排队等待者，也有一些依旧心存疑虑的潜在来访家长，这是开放咨询的一个特色，也有其重要的意义所在。事实上，这也是针对一个特定主题小范围的知识输出，咨询师在现场通过与求助家长的交谈、解释、启发、疏导，在有限的时间内完成对问题的澄清和归因，并在此基础上提出较为明确的、具有可操作性的建议，而不会同正式的心理咨询一样花较长的时间，与来访者建立更深的联系和了解，进而发现他们的内在动力，而是"助人自助"地调动他们的潜力去解决他们当下的问题。但在咨询的过程中，心理辅导的理念、目标、态度、内容仍然贯穿于其中。虽然直接的服务对象是正在进行咨询的家长，但其他的家长们也在通过观察咨询师解答的过程，得到一些心理常识的普及，有机会解惑自己所碰到的类似问题，更重要的是他们通过这种观察和参与的过程逐渐消除防御心理，了解和走进心理咨询。这样的工作方式也是基于咨询接受度的现状所采取的特殊变通。尽管如今各项心理辅导工作如火如荼地开展，人们对于心理健康的重视程度也远胜于前，但还是有不少学生和家长对待心理问题存在着一定的认知偏差，将心理问题看作是一种疾病或者缺陷而感到难以启齿，阻碍了他们主动求助的动力，比起对于身体疾病的重视程度，人们对于心理问题的求助意愿总体上还是比较淡薄，通过社区的开放式咨询，"徐老师"走进了学生们生活的场域，而他们和家长也有机会更近距离地了解"徐老师"，这些都为他们后期的主动求助创造了条件。

现场咨询可能会碰到各种意想不到的案例，没有预约环节也就没有给咨询师留下准备的时间，同时由于人数众多，尽管因为时间限制不可能作为完整的一次面询，但也要在短时间内切中要害，才能给求助的学生和家长指出后续继续调整和咨询的方向，这对于志愿者的综合素质提出了极高的要求。

图 6-6　"徐老师"志愿者送教进社区

二、家长学校

人的幸福感最本质的来源在于家庭，一个温暖的避风港能让孩子有更多的勇气去探索世界。对于孩子，父母总是愿意全身心的付出，然而有时付出却得不到好的效果，"孩子到底想要什么?""我们该怎么帮助他们，而不让他们感觉被干涉?""孩子为什么要和我对着干?"各种困惑和不解让不少父母产生了"育儿焦虑"，沟通的不顺畅也让许多亲子关系蒙上一层阴影。"徐老师"团队在接待各类咨询中发现，亲子矛盾在各类求助的问题中数量居前，又在相当的其他案例中作为伴生问题出现。须知父母是一项最特别的职业，需要终身学习，和孩子一起成长。一边是孩子高呼不被爸爸妈妈理解，一边是家长们感慨做家长真难，如何能够帮助这样的家庭建立起良好的亲子关系，打开心与心之间的隔阂，是“徐老师”团队极为关注的一项重要工作。

未成年的学生作为咨询的求助者有其特殊性，根据埃里克森的人生阶段划分，他们中的大多数人还未能完成自我认同的人生任务或正在努力中，过分强调他们的自我帮助或自我成长是一个难以完成的任务，相反可能带来他们对自身的怀疑和对于咨询目标的抵触。但在另一方面，因为他们未成年的属性，他们是法律和社会共同保护的对象，因此比起成年人他们有更广泛的社会支持系统。家庭、同伴、教师都可能在他们的心理健康当中扮演着重要的角色，这些人际资源都将在他们遇到困境时成为保护性因素。有学者的研究发现，家庭关系和家教方式是影响青少年心理健康状况的主要原因，而与家庭的经济状况、家庭结构、父母的文化程度及父母的职业等没有必然的联系。幸福的家庭生活，民主、平等、和睦的家庭环境是避免未成年人心理问题的最好良药。多年来，“徐老师”与社区学校合作策划开展“智慧家长成长坊”系列活动，开展了包括《携手孩子、共同成长》《青春期亲子沟通》《如何做好家长》《儿童心理发展及习惯养成》《家有考生》《着眼未来，立足当下——做智慧型家长》等一系列家庭教育专题讲座，对未成年人家长开展家庭教育指导和培训，帮助家长进一步了解孩子心理与行为的发展特点，把握家庭教育的基本原则，建立良好的家庭氛围，学会用科学的教育思想和教育方法来教育自己的孩子，减少因家长的教育问题诱发的未成年人心理问题，通过改善家庭成员之间的沟通方式，促进家庭系统的积极变化，完善家庭系统的日常机能，为学生的成长创造良好的家庭环境。

三、汇心成长坊

社区作为维系社会和社会成员之间相互支持的家庭之外的人与人之间的联系网络，是一个具有凝聚力情感和公共活动的社会生活共同体。每一个社区都是一个小社会，是由一群生活在同一地域的人组成的社会单元。在社区中，社区卫生服务以家庭为单位，社区为范围，对居民及其家庭的情况有充分的了解，与居民之间有良好的人际关系，亲和力强，在社区广大家庭和人群中可起到“健康守门人”的作用，推动社区心理健康工作的进步，是促进居民个体心理健康直接有效的途径和手段，有利于提升居民生活质量，提升居民幸福指数，化解社会矛盾，促进和谐社会建设。

由于生活的压力以及工作的需要，越来越多的双职工家庭父母在工作时没有办法照顾寒暑假放假在家的未成年人子女，只能请孩子们的祖父辈来看护。2014 年，上海市政府实事工程打造的“爱心暑托班”，在学生假期期间，每个街道社区开办两期暑托班，课程包括：成长导航、环境保护和身心健康三大类，解决了许多双职工家庭在学生寒暑假期间托管孩子的难题，但不少社区暑托班也面临办学资源紧缺、师资供不应求、课程内容有待提升等问题。而“徐老师”始终秉承为未成年人身心健康发展保驾护航的社会责任定位，早在 2012 年起就积极与社区合作，派出经验丰富的志愿者参与“爱心暑托班”的共建，并逐渐推出了富有专业特色的“汇心成长坊”系列活动课程，不仅完成“托”的任务，更通过开设主题各异的心理健康特色课程让孩子们动起来，笑起来。

每一次授课前，“徐老师”志愿者们都精心准备教案和教具，正式授课前心理中心工作人员还会提前预审教案，对授课内容进行专业评估，从而保证授课质量，使孩子们能在课程中激发想象力，在游戏中学习，从活动中学习，以此丰富孩子的暑假生活，促进他们的身心健康成长。至今为止，“汇心成长坊”已进行了5期，“徐老师”团队累积授课75个课时，累计辅导近1 200人次，课程主题丰富多彩，受到了学生和家长的一致好评。例如2019年暑假的以绘本创作为主要形式的《有你真好》，通过场景设计画出对自己最重要的人物，并用半结构式语句写下对方对自己的重要性，通过绘画折射出孩子内心世界；有用游戏和绘本故事贯穿主题的《沟通的艺术》，让小朋友意识到沟通对生活的影响，学习沟通技术，体会沟通艺术，提高自我的幸福感；还有将课程主导地位完全交给孩子们的《我们一起静心吧》，让孩子们静下心通过观察、换位思考、自我体会等方式，学会释放负面情绪，学会放松提升专注力等课程，炎炎夏日，中心的志愿者们每

图 6-7　在“汇心成长坊”中“徐老师”志愿者在给孩子们上课

周冒着酷暑来到孩子们中间，精心准备、热情投入，让孩子们在形式丰富的趣味活动中收获成长，在体验中获得感悟，获得了社区工作人员和家长们的一致好评。

第四节 同心战疫，“徐老师”在你身边

2020年春节一场来势汹汹的新冠肺炎疫情，给全社会带来了巨大的考验，白衣战士们的义无反顾、忘我履职，令人钦佩；全体国民的精诚协作、合力战疫，可歌可泣；疫情面前，没有彼此，唯有同舟共济、众志成城才能取得战疫的最后胜利，而心理疏导也是疫情防控的重要组成部分，如何避免疫情所带来的次生灾害，是心理工作者的应有使命。

疫情是一次突发的公共卫生事件，也是一场重大的社会应激事件，因其潜在的危害大、波及面广、持续时间长，每个人都可能出现恐慌焦虑的心理反应。多少学生曾经梦寐以求的“超长假期”带来的却是层出不穷的各种困扰：网络授课的难以适应、封闭环境中的亲子冲突都在考验着学生的心理承受能力。城市和街道变得寂静空旷，但关爱与温暖没有缺席，“徐老师”团队所有工作人员和志愿者坚守岗位，时刻准备着为全区学生和家长提供心理援助服务。在这样一个特殊的时刻，“徐老师”团队依然构筑起最坚实的防线，为心灵护航，抚平那些焦虑不安的心情，携手挺过这段特殊的时期。

一、24小时热线：我们一直在你身边

疫情严峻时期，线下面询无法开展，与之相应的是学生和家

长需求的爆发式上升，由于条件限制，如何组织有效、可行的心理咨询方式成了一个新课题。非常时期需要非常举措，不求形式，但求实效。热线凭借突破空间限制的技术优势，一下子成为了心理咨询的重要平台：全天候在线使一些突然发生的求助需求可以及时得到反馈与援助，媒体技术也使得身处遥远两端的来访者和咨询师依然可以方便的联通。战疫形势严峻，为保证学生安全，徐汇区各学校纷纷采用线上教学的模式，让孩子们宅家学习，但新情况也触发了新的问题。在“徐老师”志愿者所接待的来电中，网络手机沉迷问题占了相当的比重，不少家长反映自己的孩子借着上网课的机会聊天、刷网、游戏，为上网课而准备的手机平板等电子产品成了不少自律性不强的孩子们的娱乐工具；同时，在家的生活节律毕竟和学校里严格的上下课安排不同，尽管已经开学，还是有部分学生无法从假期状态中调整过来，对学习效率造成了一定影响，这样的情况都使家长们忧心忡忡，由此而激发的亲子矛盾更是林林总总。“徐老师”志愿者耐心倾听种种复杂的情绪倾诉，理解和安慰孩子和家长的焦虑，给予家长们亲子沟通的实用建议，指导孩子们用更科学的方法改善学习效果。在为徐汇区的学生和家长提供服务之余，“徐老师”不忘远方还处于水深火热之中，心理防疫工作更加严峻的武汉，肯担当，敢作为，主动将热线上报中央文明办，使疫情前线的武汉未成年人及家长也能得到及时的心理援助，为仍处于不便中的同胞们献上自己的绵薄之力。

二、“汇心”公众号上的满满“干货”：宅家也是充电

一年之计在于春，停课不意味着停学，意外的宅家时光也是

孩子们提升自我、心灵成长的好时机。而有了与孩子们长时间相处时间的家长们，面对在线学习大潮中的新问题，也面临着又要当爸妈又要当纪律委员的棘手情况，在热线中频频求助，亟需建议和帮助。为了满足家长和学生的需求，心理中心志愿者们根据丰富的工作经验和当下的迫切需求有针对性地选择编辑科普内容，通过“汇心”公众号定期宣传，缓解家长和学生焦虑不安的情绪，鼓励亲子在家积极互动、规律作息；帮助家长、教师在疫情特殊时期及时关注了解学生的心理动态，并做好自己的心理建设，为孩子提供坚实的心理支持。在此基础上，志愿者们还充分发挥能动性和创造力，自行尝试开发制作心理微课，运用绘本等适合未成年人的形式与语言，帮助学生科学地认识疫情，指导家长帮助孩子调整焦虑情绪。

这其中中心还涌现了许多优秀的志愿者，赵倩老师不仅是“徐老师”成员，同时也是位新妈妈，春节假期本应是她陪伴家人，享受亲子时光的时间，但是接到中心征集助力疫情，向大众普及心理调适建议及科普居家学习、生活建议后，她毫不犹豫地接下了任务。考虑到在这个特殊时期，因为抗击疫情需要，大家要一直“宅”在家中，疫情引发的焦虑、原本假期安排的打乱、亲子关系问题等因素叠加，可能会导致一些负面状况，赵老师积极在网上广泛搜集相关资料，并根据自己的执教经验和对学生的了解，撰写了3篇推文，如《家长指导站：来自心理教师的防疫暖心贴》、《孩子在线学习，家长可以做什么》、《提升心理免疫力，让“宅学”更高效》等，雪中送炭地为近期家庭教育中的“痛点”送上建议，并获得较高点击量。

志愿者王佳骊老师，借助电脑多媒体技术制作系列心理微课，以绘本、视频等载体，为同学和家长们推出了生动有趣的心理防疫“小甜点”，宣传心理防疫知识和方法，教授学生居家学习时间安排上的妙招等，在特殊的疫情防控期间，用这种特殊的方式拉近师生们心与心的距离。

心理中心的“汇心”公众号在战疫期间成为一个热闹的平台：“汇心”心理辅导微课堂、各种视频活动如《寒假收心小书》《趣味指印画》等，给中小学生带来居家学习调整小贴士，帮助家长与孩子们共度居家时光，各种资源诚意满满，干货满满。

心理中心还根据教育局要求做好全区亲子居家问卷调查及相关的统计分析，根据调查结果给出相应的家庭教育建议，参与制作《时间管理　抗“疫”同行——徐汇超级家长会特别节目》。向家长、学生分享现阶段如何亲子合作提高时间管理能力、开展有趣的亲子居家活动、增进和谐的家庭氛围，并提供科学有效的指引，助力学生做好心理防护，增强心理免疫力，以良好的心理状态投入新学期的学习生活。

三、积极开展线上培训：重视一线，辐射服务

抗疫期间为了进一步做好各项心理服务，“徐老师”原有的例行培训从线下转到了线上平台继续展开，并在培训中心原有志愿者团队的基础上，将徐汇区学校心理健康教师和从业人员一并纳入培训范围，为特殊时期学校心理健康课程的调整和学生心理问题的应对提供交流平台和专业后盾。例如在此期间召开“居家学习期间的学生心理辅导工作”的主题培训，除了“徐老师”成员，培训还邀请了全区中小学心理健康工作人员参与。培训中梳理了疫情期间需要区、校共同携手努力的相关工作，对近

期居家在线学习的学生心理辅导工作应关注的重点和注意事项做了提醒，并就“徐老师”近期所接触到的典型咨询案例进行研讨，结合现状探索线上教研活动的新思路和方式，交流了目前学校心理辅导工作开展情况，同时讨论了学校遇到的困难与问题，给予学校心理辅导室工作以启发与建议。针对老师们提出的对于在线心理辅导的问题设置以及遇到危机如何处置的困惑，邀请承担全市心理援助和心理危机干预组织协调工作的穆新华主任，给予老师们专业又实用的指导。同一时间，面向“徐老师”优秀成员的吴增强名师工作室活动也如期展开，围绕在线学习期间对学生的心理关怀、对高危群体的关注与预警等相关主题进行了探讨和指导。

在看不见的线下工作中，心理中心也对全区学校在疫情期间的心理健康教育工作开展情况进行多次调研，了解学校心理热线、网络咨询开展情况，了解学校需求，在保证自身服务质量的同时积极做好一线心理工作后援团的角色，并将优秀学校经验在公众号上展示，为区内学校提供模式参考和资源支持。

四、上报不间断：做好与上级部门信息通信工作

自疫情暴发以来，“徐老师”的专业作用得以充分发挥，源源不绝的求助热线电话以及与基层辅导室不间断的沟通协作，使“徐老师”不仅站在了徐汇区心理抗疫的第一线，也在不知不觉中处在了各类未成年人心理问题的信息第一线。疫情的发展和防控形势改变着人们熟悉的生活布局，防控加强、居家封闭使恐慌、焦虑、烦躁、憋闷的情绪反应衍生为疫情防控的副产品。而对于未成年的学生来说，学习方式的改变、与同学朋友的社会交

往中断、青春期学生与父母的长时间相处等更是容易成为诱发心理问题的应激事件。对此上级部门高度重视，将学生的身心健康作为教育战线的重要任务。为配合上级部门的信息收集和决策工作，心理中心也积极做好数据和情况上报工作，每日按要求将咨询工作数据、咨询中主要来访问题及中心采取的措施上报上海学生心理健康教育发展中心和区文明办。

飘风不终朝，骤雨不终日，疫情会过去，但成长不会止步。无论在什么样的日子里，“徐老师”们都信念坚定，恪守职责，以扎实工作、扛起责任、迎难而上的实际行动践行初心使命。

后　记

“徐老师”的价值反思

构建和谐家庭是构建和谐社会的基础工程，家庭稳定是社会稳定的前提。在一个家庭中，孩子既是各方关系的黏合剂，也是稳固家庭结构的定盘星。在现实国情中，绝大多数中国家庭只有 1—2 个孩子，孩子往往成为家庭的绝对重心，孩子是否能够健康快乐的成长，深刻影响了其所属家庭的价值感和幸福感。“徐老师”服务于未成年人及未成年人家庭，将护航幼小心灵的成长作为自己义不容辞的责任。虽然“徐老师”志愿者们来自各行各业，参与的契机也各不相同，但他们都怀有一个共同目标，就是为未成年人心理健康事业贡献自己的力量。

可以说，志愿活动既利他又益己。

在市场经济的大背景下，在各种社会服务普遍商业化、市场化的情况下，奉献和公益在许多时候也有沦为口号和工具的倾向，新闻媒体揭露出的“伪慈善”和“假公益”一次次地透支着人们的爱心和信任。但不计报酬、无私奉献的”徐老师”们，却以自己的热忱和专业的技能，展示着真正的志愿者品质。公益精神不仅体现在“徐老师”的活动中，更体现在活跃在这些活动岗位上的志愿者们身上，他们正是奉献精神和公益精神的载体、一支富有强劲动力和蓬勃生机的队伍，他们将心理健康服务输送到未成年人集中学习和生活的地方，让每一个未成年人都能够公平地获取和享用，保证了公共心理服务的均等化、公平性。也正因如此，接受过服务的学生和家长们对于“徐老师”都有着极高的评价。

而另一方面，正如安东尼・吉登斯在其《现代性与自我认同》一书中所说的:“由于当今社会生活的开放性，亦由于人类行为所处场景的多元化和‘权威’之多样性，故在自我认同和日常生活的过程中，生活方式的选择变得日益重要。”在社会物质文化无比繁荣的当下，不可否认对经济利益和社会地位的追求已成为大多数人的现实需要，但我们依然没有办法压抑人性深处对于利他、爱人、贡献社会和寻找归属感的需要，相比起对于外物的欲望，这才是人们获得心灵安宁平静的精神源泉。帮助他人也是实现自我个性完善的重要一步，志愿者在工作与生活之余，在追求生活要素之外，也能在提供服务的过程中，获得充实精神、完善个性的机会。

从丰富阅历、提升技能的角度上来说，志愿者的经历也是极有价值的实践过程。志愿者通过广泛参加中心的各种活动，除了发挥自己的一技之长，服务他人之外，也获得了学习新知识和技能的机会。而随着“徐老师”走出去的步伐日渐加快，各项活动的筹备与举办已逐渐涉及社会的各个领域，志愿者的成分也更加多元化。不同阶层、不同职业、不同年龄的志愿者汇聚一堂，成为这个大家庭的一部分，这也为志愿者提供了相互交流、扩大生活空间、拓展社会交往范围的空间。

在社会价值和个人价值以外，志愿者所创造的经济价值是极容易被忽略的。作为具备专业知识技能的咨询师志愿者，他们所提供的服务也必然是创造价值的，但志愿者的工作分配常常随着开展活动的不同而有所调整，因此很难从经济效益的角度来精确计算每个志愿者所创造的价值。“徐老师”是徐汇区心理健康工作开展中的一支生力军，但成员们都有各自的工作，他们为各项工作的开展提供了充足的人力资源，却没有造成额外的就业压力和成本压力。中心所组织的活动在不同的学期时间频次会有一定的起伏，丰富的活动类型也代表着同类型的活动也许在一年中仅开展数次，可能在一项活动上需要数十位志愿者同时参与工作，但在活动结束后又有一段公开活动的空白期，这就要求人力资源上有高度的灵活性，志愿者的工作特点正好契合了中心这种特殊需求。大量专业过硬、富有特长的志愿者随时待命，使中心能以仅仅数人的工作人员团队而多次开展参与人数众多的大型活动。

尽管社会上并没有建立一套通行的标准来衡量志愿者的劳动价值，志愿服务总体而言是一项公益性的活动，然而反过来，从学生和家长受惠的层面来理解这种经济价值就要容易的多。

随着人们对个人心理健康的关注日渐加深，各式各样的心理咨询机构也如雨后春笋一般出现，这类机构以营利为目的，严格按时计费，收费不菲，也使许多遇到心理问题需要咨询服务的对象在高昂的费用面前迟疑或退却。而中心的心理咨询服务在保证质量的同时，由于得到了上级领导部门的支持和志愿者团队的热忱奉献，而得以保持其公益性，始终向学生和家长免费开放。这使一些遇到困境需要帮助的孩子们的家庭能够没有顾虑地勇敢求助,从而尽早解决孩子的问题,避免导向更坏的结果。而从某种意义上说,也降低了获取咨询服务的门槛,使部分尚未对孩子问题采取足够重视的家庭,有时也因为这种“便利”,也在“试一试”的心态下带孩子过来求助,最终使孩子的问题不会因为经济负担的影响而被耽误。如果将这些学生和家长获得的服务折合成效用的话,就会看到志愿者的工作产出和实际投入之间的差距。

让学生有所盼,让活动有所为。志愿精神激励着每一名“徐老师”成员,他们用微笑和智慧修炼咨询师的素养,用拥抱携手伙伴前行,在彰显个人自我价值的同时,通过自愿服务于他人的行动建立和谐融洽的社会关系,成为研究传播积极心理学的幸福种子。

图书在版编目(CIP)数据

扬帆航途 ：徐汇区未成年人心理健康辅导中心志愿者工作记 / 王欣瀛，陈瑾瑜著 .— 上海 ：上海社会科学院出版社，2022
ISBN 978-7-5520-3479-0

Ⅰ. ①扬… Ⅱ. ①王… ②陈… Ⅲ. ①青少年—心理健康—健康教育—中国—文集 Ⅳ. ①G444-53

中国版本图书馆 CIP 数据核字(2021)第 202972 号

扬帆航途
徐汇区未成年人心理健康辅导中心志愿者工作记

著　　者：王欣瀛　陈瑾瑜
责任编辑：杜颖颖
封面设计：黄婧昉
出版发行：上海社会科学院出版社
上海顺昌路 622 号　邮编 200025
电话总机 021-63315947　销售热线 021-53063735
http://www.sassp.cn　E-mail：sassp@sassp.cn
照　　排：南京理工出版信息技术有限公司
印　　刷：上海景条印刷有限公司
开　　本：890 毫米×1240 毫米　1/32
印　　张：5.125
字　　数：110 千
版　　次：2022 年 9 月第 1 版　2022 年 9 月第 1 次印刷

ISBN 978-7-5520-3479-0/G·1127　定价：29.80 元